SPRINGHILL LITERATI

第三期

春山文藝

U0003537

專輯

李登輝100年

春山編輯室

因為孟德爾頌，才有後來的事

二〇一九年香港發生反送中運動後，因為關注香港問題，我注意到《就係香港》這個新雜誌，用耳目一新的策畫投入香港本土的創新詮釋，甚至包含香港的地質探究。二〇一八年夏天的試刊特別號，其中「李嘉誠時代」的專題非常精采，以李嘉誠反映香港走過的時代。這讓我在想，確實，文藝雜誌為什麼不能做企業家，甚至是政治人物？因此二〇二〇年七月三十日李登輝先生過世後，春山編輯部就開啟了製作李登輝專輯的討論。李登輝將近一百年的人生，從共產黨、國民黨到臺灣團結聯盟，從日語到中文，從學者到政治人物，李登輝的複雜性就是臺灣的複雜性。

翻閱李登輝過世後的許多媒體專題與相關書籍，苦惱於該從何角度開始的我，找上了資深新聞前輩江春男閒談，我想黨外運動時期號稱地下新聞局長的他，肯定有什麼很不一樣的記憶。他提到當時媒體對幾位臺籍菁英如林洋港、李登輝與邱創煥的看法，隨即拿出一本一九八八年一月二十八日出刊的《遠東經濟評論》，封面故事叫「Taiwan: End of a Dynasty」（臺灣：一個王朝的終結），出刊時間正在蔣經國過世兩週後。畫面從左至右羅列著孫逸仙、蔣介石與蔣經國，第四個則用暗黑人物剪影，並在上面打上問號。事實上蔣經國過世的當晚，李登輝已依照憲法繼任了。但顯然蔣家王朝的結束，國民黨能否出現第一位本省籍黨主席，八大老、宋美齡有何態度，政治壓力全壓在這位「意外的英雄」身上。

我開始對寫這個封面故事的韓國記者沈在薰（Shim Jae Hoon）深感興趣，到圖書館找出那兩年的《遠東經濟評論》，把他駐臺期間的每一篇報導都盡量看過，我決定想辦法找到這個記者。有一天我意外發現臺灣駐韓記者楊虔豪提到沈在薰的名字，於是請他幫忙傳遞訊息，開啟了我跟沈在薰前輩將近百封的通信。他以外媒記者的角度，寫下臺灣民主轉型期的回憶，與當時繼位的李登輝，對印尼、臺灣到韓國的民主浪潮，有著自己的觀察。可以說因為沈在薰前輩慷慨答應我冒昧的邀稿，才讓這個專輯得以成立。在他眼中，蔣經國過世時的臺灣，人們害怕面對的社會心理，與蘇聯無異。

觀察李登輝，另一個重要而精準的外籍人士就是司馬遼太郎，在《臺灣紀行》這本書，最吸引人的並不是收錄在後面的著名訪談〈場所的痛苦——生為臺灣人的悲哀〉（場所の苦しみ台湾人に生まれた悲哀），而是跟李登輝同樣是一九二三年出生的司馬遼太郎，注意到李登輝仍舊會不經意講著日治時期舊制高中生的日語。那是同代人才會發現的時代痕跡，就像司馬也曾對一樣同年生的葉盛吉，發出葉君在新營公學校時代所愛讀的雜誌《幼年俱樂部》與《少年俱樂部》，「也和我們一樣」的感嘆。司馬寫到，而這樣的葉君，有著〔身為漢族與日本國民〕雙重生活的痛苦。我想，李登輝抑或另一個一九二三年生的彭明敏，應該也是相同。

《李登輝總統訪談錄》留下不少如此生動的細節。這樣的雙重生活持續到戰後，進入學習北京話的階段。李登輝說，剛回到臺大農經系復學的自己，在學生自治會開會時，因為不會說中文，還要同學翻譯。婚後，找家教到家裡教中文，中文不流利的感覺甚至一直到五〇年代在農林廳工作的時候，要發表文章都必須找人幫忙。需要翻譯，在進入政府時也一樣，他說，一九七二年剛任職行政院政務委員，蔣介石召見都必須要透過翻譯，跟宋美齡的談話，她一半上海話，一半英文，也需要翻譯才能溝通。

李登輝與經歷過日治、二戰、國民黨政府來臺等的世代，似乎也只能在時代洪流中繼續往前走，我從司馬的書中理解到，他成為旁人眼中的勝利者之前，先要是一位倖存者。司馬轉述了一個故事。有個跟他同樣就讀大阪外國語學校的臺灣學生楊克智，二戰末期和李登輝都被日本徵召入伍。送回臺灣受訓時，在門司港等船的這批新兵，因為楊克智跑去音樂茶館聽孟德爾頌的唱片，而錯過搭船的時間，沒想到這艘船隨後就在五島列島附近遭美軍攻擊，被擊沉了。因為孟德爾頌，才有了後來的李登輝，有了後來的事。

這種倖存者的悲哀，當代仍延續著，還存在於遭遇戰爭的烏克蘭，與承受極權壓迫的香港。在我眼中，本期收錄的瑪莉雅·舒瓦洛娃與李智良，都繼續以書寫進行「永不言敗的絕望」，如約翰·伯格在《留住一切親愛的》所曾寫的抵禦姿態。而也曾遭遇白色恐怖的李登輝，任內完成二二八事件報告、進行二二八受難者賠償與白恐受難者賠償，也是臺灣第一位對二二八公開道歉的總統，但「轉型正義」如何在臺灣社會進行討論，涉及多少複雜的框架，本期收錄的「面對幽暗歷史」的多元路徑，是一次集合人文與社會學科不同學者共同進行的座談會。

最後，當代文學評論這次專注於哈金與葉利尼克，都是對歷史與國族保持批判的作家，他們各自不同的文學實踐，展現歷史與人的曖昧性與複雜性。這也是本期春山文藝期待做到的事。

莊瑞琳／春山出版總編輯

Contents

李登輝：臺灣意外的英雄

——一名記者對臺灣民主轉型的回憶

沈在薰（Shim Jae Hoon） 胡宗香 譯

南韓記者，主要為國際新聞媒體撰稿。一九八〇年以前，在首爾擔任《紐約時報》與《新聞週刊》當地通訊記者六年，其後二十年任香港《遠東經濟評論》週刊特派記者，先後派駐於首爾、雅加達與臺北。廣泛報導區域政治、社會與經濟議題，多篇文章刊登於美國、歐洲與亞洲主要報刊。近年來，為Yaleglobal.com與AsiaSentinel.com等線上雜誌撰寫韓國相關議題文章。另一半張珉淑（Chang Myong Sue，音譯）曾為專欄作家，後任《韓國日報》社長。兩人現在與兩隻狗Happy和Angela同住於首爾。

一九八七和一九八八年是臺灣經濟和政治上最活躍多變的時期。島上正經歷狂熱的經濟發展，自然也引發了擴大政治參與的躁動。隨著民主進步黨這樣的反對勢力取得合法地位，全亞洲的目光都聚焦於臺灣的民主進程。我正是在歷史的這個關鍵點以《遠東經濟評論》特派記者的身分來到臺灣。這本刊物的總部位於香港，專門報導亞洲新聞，以深度分析見長。

我來到轉型中的臺灣

當時最重大的政治發展是國民黨對島上原居人口「本

省人」的控制減弱。蔣經國總統於一九八八年一月過世前的幾個月，解除了國民黨政權經歷漫長內戰從中國敗逃到臺灣後，自一九四九年以來在島上實施的戒嚴令。蔣經國逝世前不久亦開放民眾返鄉探親，或為其他原因以私人身分往中國。此外，國民黨也不再稱中國為匪區，且北京政府之前已獲美國外交承認，並加入聯合國取代臺灣席位。當時突然間，國民黨政府治理下的臺灣，幾乎不再為世界任何國家所承認。

蔣經國的領導因這些情勢受到大幅動搖與弱化，但是他在臺灣建樹頗多。此前數十年，蔣經國與本省籍的農業經濟學者李登輝，共同推動了土地改革，也將灌溉系統與高速公路等基礎建設升級。臺灣的農業政策尤其成為全亞洲欽羨的對象。李登輝身為康乃爾大學畢業的農學家，推動了多作物耕作體系。臺灣不只因為盛產稻米而聞名，也因栽培各種水果並成功發展養殖蝦業而享有盛名。

若說在蔣經國內閣任政務委員的李登輝博士是農業成功的主要推手，蔣經國則是以強勁的農業生產為基礎，成功推動了工業發展。儘管當時許多人沒有看出來，但是蔣經國和李登輝的合作，對於完成臺灣經濟轉型至關重要。

一九六〇年代和一九七〇年代，許多國際觀察家已經看出，高速衝刺的臺灣開始領先亞洲其他開發中國家，啟發了如南韓等落後國家。當時的南韓仍在一九五〇至一九五三年北韓侵略後的廢墟中重建，與蔣介石統治下的臺灣是緊密的政治盟邦。一九六一年透過軍事政變掌權的陸軍少將朴正熙，正是密切觀察臺灣發展的其中一人，曾經造訪臺灣與蔣介石會面。那次訪問不僅是為了鞏固與國民黨政府的政治同盟，也為考察學習臺灣如何推動經濟發展。「當時的臺灣至少領先我們十年，」朴正熙的首席經濟官僚，參與擬定並實施南韓早期經濟發展計畫的吳源哲（O Won-chol）博士曾經指出。

蔣經國過世的那一天

蔣介石之子蔣經國總統於一九八八年一月逝世時，我才剛赴臺北到任數月。在他過世前幾天聽到他病重的傳言後，我立刻撥電話到新聞局求證傳言是否屬實。「他身體好得很，」一名高階官員告訴我。然而，當我向官方圈子以外的消息來源打探蔣經國的健康狀況時，他們的反應是恐懼畏言。在臺灣，蔣經國的病況是國家機密，不容媒體揣測。這是讓人心生畏懼的主題，非供公開討論。

就像任何身在媒體控管嚴格的國家的記者，我決定為這條新聞預作準備，以防消息為真。我立刻通知總部的編輯，提出封面故事的可能構想。如果蔣經國今天就過世了會如何——人們將如何記憶他？他留下怎樣的遺產？誰是他的接班人？換了領導人的臺灣將如何發展？它會依然由國民黨領導，或者將在民進黨政權下往前走？這些是我當時想到的一些重大議題，但要找到答案並不容易。

幾天後，石破天驚的消息在我與幾位臺灣朋友一起晚餐時傳來。朋友們突然間壓低聲音，開始悄聲討論這個消息：蔣經國在當天下午逝世了。但是我心裡納悶，為什麼要到幾個小時後才公布。如此重大的消息沒有立刻發布讓我深感震驚。我記得自己當時心想，哇，在臺灣，重大消息是這樣發布的嗎？在其他國家，這樣的新聞幾乎會立即發布，甚或在領導者過世前就備受臆測。原來，總統的健康或死亡在其他國家是新聞臆測的主題，但在臺灣不是？不僅如此，這個消息在臺灣引發人心惶惶，人民看來對於隨後的可能發展深感恐懼。在其他國家不可能發生這樣的事，唯一的例外也許是如蘇聯這樣籠罩在祕密中的國家。無論如何，幸好我已經勾勒了封面故事的概略想法。

後來的事實證明，問題藏在細節中。雖然依據憲法總統應由副總統李登輝接任，但有一個重要的問題浮現出來，亦即他是否會在執政的國民黨中常會當選代理主席。許多觀察者似乎深信，李登輝雖然會自動繼任為總統，卻不見得能入主真正掌握權力的中常會，因為那是已故的蔣經國根源自中國大陸的權力堡壘。國民黨象徵著可回溯到中國內戰時期的蔣介石—宋美齡權力結構，因此，由島上出生的領導者接掌簡直難以想像。至少，我那些報導臺灣政治多年的資深同行，多數是這樣相信的——據說李登輝將接任總統，但是否成為國民黨領導人則仍有變數。這個位置預期將由「外省人」接任。

從南韓、菲律賓、臺灣到印尼的民主浪潮

但是那些所謂資深觀察家似乎忽略了一個事實，即許多臺灣人的政治傾向已經改變，和亞洲其他國家的人民一樣，臺灣老百姓（相對於接近權力結構者），已經有所不同。我請教的幾位臺灣專家都預測，國民黨高層的挺蔣保守派將難以輕易遂其所願。

我同意這樣的看法。身為待過亞洲不少國家的特派記者，我見證過在獨裁體制下，許多人面對突發而敏感的政治過渡期有何反應。在南越、南韓與印尼，我看到威權控制下的人們如何回應領導者轉換的許多例子。與包括國民黨內的幾個消息人士談過後，我相當確定可能有幾個感受到臺灣新（政治）浪潮的「反叛者」。然而我做夢也想不到，國民黨中常會中促成改變的信使竟是名為宋楚瑜的少壯派！宋楚瑜曾任蔣經國英文祕書，但在政治上仍屬青澀。當時四十多歲的他相對年輕，在老人統治的國民黨擔任副祕書長，被七、八十歲的外省大老壓抑了鋒芒。當七十四歲的行政院長俞國華為了阻礙李登輝當選，建議延後黨主席投票時，宋楚瑜感覺到有一個陰謀正在成形。憤怒中，他倏然起身抗議，迫使黨內大老立即投票，確認由李登輝擔任代理黨主席。[1]

此舉迫使投票進行，實質上撼動了支撐國民黨領導高層權力結構的保守派大將，包括大老如閣揆俞國華，國民黨祕書長李煥，總統府祕書長沈昌煥，和參謀總長郝柏村將軍。

1 **編注**：李登輝接受張炎憲訪談則認為，一九八八年一月二十七日國民黨的中常會由余紀忠主持，常會前早已決定由行政院長俞國華在會議提議推出代理主席，但正式議程沒有放進俞國華的提案，副祕書長宋楚瑜見議程無此案，以為不討論此事，就先站起來講話，但中常會常會有臨時提案的情形。李登輝認為宋楚瑜是在對他表示好意，但「他說自己在推選代理主席上踢了臨門一腳，這種話並不實在」。李登輝口述，張炎憲、陳希煌訪問，何靜茹、許芳廷、陳鳳華、蔡欣雁、鄭麗榕、蕭景文紀錄，《李登輝總統訪談錄二：政壇新星》（臺北市：允晨、臺北縣：國史館，二〇〇八），頁二二九。

蔣經國逝世，解嚴，政治活動逐漸開放——這些發展全都預示了臺灣數十年來首見的重大政治轉型。這些改變勢不可擋，絕非任何勢力所能阻止。以南韓為例，朴正熙於一九七九年遭暗殺後，開啟了一個不同的新時代，在又一名軍事獨裁者全斗煥統治下展開有限的自由化。但是他的領導受到其前任者的遺產所阻礙。不論全斗煥如何嘗試，要複製朴正熙的鐵腕統治絕非易事。最後，他對民主化讓步了。韓國人民也不會接受任何其他方案。全斗煥和其繼任者全都受到審判，以叛國罪與其他罪名定讞。一波波民主改革浪潮席捲其他國家。在菲律賓，總統馬可仕獨裁腐敗統治十三年後，於一九八六年被人民力量革命（People Power Revolution）推翻。再過十多年，一九九八年，印尼軍事強人蘇哈托在他統治的群島國家貪汙了數十億美元之後，也在類似情形下被迫下臺。馬可仕與蘇哈托政權，都因充斥家族政治王朝與竊盜統治（kleptocracy）開始分崩離析。正如臺灣的蔣家，他們都在權力的位置上待得太久。國民黨的長期統治無法孤立於席捲亞洲的民主化浪潮之外。他們在人民的力量下垮臺似乎無可避免，而且世界愈來愈小，不可能阻止一國的經濟與政治發展滲透影響另一個國家。媒體控制也無法阻擋新聞的跨國流動。此處舉兩個例子。我曾經在深入爪哇島中部旅行時，因為一名當地農人而深感訝異。聽聞我來自韓國後，他問我覺得都姓金的兩個著名的死對頭，金大中與金泳三，哪一位會當選總統。當地人不僅知道二金，還好奇兩個民主鬥士誰會勝出。

顯然，蘇哈托政權的媒體控制，並未成功將首爾發生示威的新聞隔絕在印尼之外。另外一次，菲律賓新任總統柯拉蓉・艾奎諾在我派駐的雅加達訪問，印尼民眾被禁止歡迎這位著名政治人物，但仍然對她感到好奇，於是我看見他們透過傳統村莊木柵欄的縫隙窺看，希望瞥見她的身影。他們違反了政府要他們待在家中，不得上街觀看並歡迎她的命令。

這和我在派駐地臺灣所見大同小異。朋友們得知我來自韓國，此前在印尼擔任特派記者時遭驅逐出境（原因是我寫了幾篇政府認為不友善的文章），也對東南亞的民主化運動表達出相似的好奇心。後來我才透過朋友得知，臺灣警備總司令部對我的背景也很感興趣，對我進行例行跟監。我和所有記者一樣，工作時盡量公開，我去哪裡、與誰會面等等，從來不是祕密。

壓抑與解放

剛到臺北那幾個月，我與各行各業的人會面，如今人難以忘懷的國民黨老兵夏子勳（Xia Zi-xun，音譯），當時在臺北當大樓清潔工的他年少時隨國民黨軍隊來臺，此後三十九年間從未返鄉探望他的六名兄弟姊妹。如今他終於得以在蔣經國的政治鬆綁政策下造訪中國。這是令人動容的人間悲劇，與我在韓國時報導過，離散南北韓兩地家人團聚的故事，異曲同工。我也喜歡和立法委員朱高正談天、聽他說話，留學德國的他曾任大學教授，當時是反對黨民進黨的立院成員。以誇張行徑和辯才無礙知名的他，是臺灣媒體政治新聞中的要角。我也見過深為敬重的民進黨黨主席姚嘉文，他曾因主張民主權利和臺灣獨立而鋃鐺入獄。姚嘉文是講話輕聲細語的律師，也是基督教長老教會教徒，讓我想起家鄉同為反對派領袖與天主教徒的金大中。當然也不能忘記臺灣首屈一指的新聞記者江春男，所有外國記者的知識與分析都要仰仗他。他沉著冷靜，手邊總備著一疊新雜誌的申請書，以防發行中的雜誌遭政府查禁。他是真正的專業精神典範。我們後來建立起堅定的互相瞭解與友誼。

與其他駐臺記者一樣，我的報導中出現日益增加的街頭示威，由民進黨和其他各種主張的人士發起，抗爭主題從在中國選出後即從未改選過的萬年國會到爭取臺灣獨立，不一而足。這樣的故事引人入勝，在任何其他國家都看不到，讓人得見臺灣在國民黨統治下的歷史，根源自其久遠以前和中國的關係。

我愈是挖掘臺灣歷史中這些隱藏的篇章，就愈是著迷，而知道的愈多，我也愈感震驚。和世界許多其他政黨的歷史一樣，國民黨果然有許多不可告人之事。我原先一無所知的事實包括：旅居洛杉磯的華裔美籍記者劉宜良（江南）因撰寫對蔣經國不利的傳記，一九八四年在國民黨指使下遭竹聯幫成員暗殺；孫立人將軍的悲慘故事，八十八歲的他遭軟禁三十三年後獲釋，洗清了未經證實的共諜指控；還有前東北軍閥、「少帥」張學良驚人的故事，他發動西安事變，兵諫蔣介石立刻抗日，放棄剿共，因而遭軟禁並在一九四六年遭國民黨轉送至臺灣。在臺灣，少帥作為蔣介石的囚徒有不同居住地，時間長短不一，其中被軟禁在陽明山附近北投山腰上的招待所，就長達二十七年。若從他在一九三六年於中國遭捕後算起，他遭軟禁的時間是驚人的五十二年，可能是世上監禁時間最長的政治囚徒！（按：二十七年與五十二年，皆指至作者一九八八年派駐臺灣為止）遭軟禁期間，張學良再婚，並且成為寬容不記仇的基督徒，期間只離開過住處幾次，上他最喜歡的館子。身為世界歷史上被監禁最久的政治人質，他的遭遇讓我想到《基督山恩仇記》的故事。

儘管得知這些，最讓我震驚的還在後頭：在一九四七年的二二八事件中，從中國來臺的國民黨軍隊，屠殺了抗議其腐敗和高壓手段的大約二萬名臺灣人。在漫長的國民黨統治時期，這個事件只能私下議論，因為人們恐懼遭到報復。如今，隨著本省籍的李登輝上任，人民開始要求正視和賠償，而這些要求多少受到一九八〇年南韓光州民主化運動的啟發。我曾報導光州事件。不少民進黨幹部向我詢問，韓國政府在這起造成數百人死亡的起義後如何面對。在臺灣，他們談的死亡者人數還不是數百，而是有大約二萬人在那場血洗中被屠殺！使人深感震驚的是，這件事居然能掩蓋這麼長的時間！

意外的總統

就任後不久，李登輝總統便面臨了島上關於二二八事件的一波波抗議。數千民眾在臺南示威，要求咎責與賠償。就職後由電視轉播的首次記者會上，他被問及如何應對此事。他的回答是：「人民的政治理念已經達到成熟的地步，為什麼要把這個老的、過去的事情，悲劇的事情拿出來再唱一次，有沒有這個需要？……為了進步，眼睛要看前面，不要看後面……」對於尋求慰藉的受害者家屬而言，這樣的回覆蒼白無力。那是逃避主義而非積極的立場，也或許他必須顧慮國民黨同志，不確定該如何回應。

但是在一般性的政治改革議題上，他表現得較為積極，表示會將進行中的改革與自由化持續下去，推動在中國大陸當選，但來臺後依然緊抱席位不放的國民黨籍國大代表退職。至於改革的速度，李登輝表示將依循他口中的民主憲政過程，亦即將依照國民黨而非民進黨的規則。這隱然表示李登輝的改革腳步將比人民要求的緩慢。陷於國民黨權力結構中的他，採取了漸進手段。與中國關係上，他謹守「三不政策」——不接觸、不妥協、不談判，也不接受中國的一國兩制方案。擔心與中國可能發生軍事衝突的臺灣人民，因此安心了一點。

但是李登輝對經濟前景則向來較為樂觀。他談到將延續高速發展的經濟路線，預測臺灣人均所得將在下個十年達到一萬七千五百美元；就在前一年，臺灣的國內生產毛額（GDP）已經超過一千億美元。主要的經濟難題，則是在臺灣外匯存底躍升至世界第二高，僅次於日本而超越西德的情況下，如何減緩新臺幣升值腳步。

但若說臺灣真如世界媒體頭條大聲宣告的「臺灣錢，淹腳目」，那麼，持續困擾臺灣百姓和政府的，就是其「民主赤字」。隨著李登輝在持續的政治動盪中進入第二任總統任期，這顯然也是他的主要關切。

在此必須記得李登輝政治處境的中心要素——他在很大程度上是「意外的總統」，在毫無計畫和野心的情況下走入政治。若不是被蔣經國總統欽點，他可能會繼續當個優秀的農業經濟學者，那才是他真正的熱情所在。

隨著健康情況逐漸惡化，身為蔣氏王朝最後一任統治者，蔣經國急欲留下遺產。他與李登輝聯手，在成功的農業政策穩固支撐下，帶領臺灣踏上發展的道路，獲得可觀成果。他並拔擢原為技術官僚的李登輝，由他帶領臺灣進入下一個發展階段。至於李登輝，他從未渴望過政治生涯。

耐人尋味的李登輝

在臺灣現代史的脈絡中，李登輝是個耐人尋味的人物。今年的整整一個世紀前，他出生在臺北市北邊（三芝），是日本殖民帝國的子民。他的家族並未反抗殖民政府，而是隨之風生水起。他父親是日本刑事警察（巡查），兄長李登欽則是日本帝國海軍志願兵，在菲律賓作戰時陣亡。這樣的親殖民者背景，在曾受日本嚴厲殖民統治的其他國家，應該會為他的專業生涯投下陰影，儘管如此，李登輝對日本和其早期的現代化努力，依然真心仰慕。他聰穎好學，到菁英的京都帝國大學就讀，戰後返回臺灣，又以優異成績自國立臺灣大學畢業，為他前赴美國康乃爾大學深造鋪好了路。

返國後，他對工作的勤奮投入讓蔣經國印象深刻，先是在蔣經國內閣擔任政務委員，後來以臺北市長身分推動重大建設計畫，如國民住宅，信義計畫區，翡翠水庫，工廠遷至郊區，以及將現代化下水道系統引入臺北市與其他地方。國、日、英語都流利的他是見聞廣博的知識分子，也是稱職的技術官僚，完全符合蔣經國的合作人選條件。蔣李二人就此形成推動臺灣經濟發展的最佳工作搭擋。因此，蔣經國選擇李登輝為一九八四年國民大會選舉中的副總統人選時，國民黨大老雖然深感疑慮，卻也無可奈何。

不過，李登輝也是受到矛盾力量拉扯的人。一九四六年自日本返國後，他曾短暫接觸共產主義，據他後來說，那是因為他對於加入國民黨深感厭憎。當然，如果他未曾改變想法，一直待在共產黨，下場必定是身陷牢獄，而不是成為蔣內閣的政務委員。而就在他第二任總統都尚未卸任，李登輝就因國民黨在總統選舉敗選辭掉國民黨主席，選擇離開黨組織。在總統任內時，李登輝也因拒絕支持老友宋楚瑜競選總統而遭受批評。宋楚瑜最後在選舉中落敗。

有時，他對日本的熱愛導致他忘了謹言慎行，在政治上失言。他曾不顧自己身為前任總統與亞洲重要政治家的地位，公然否認日本在第二次世界大戰中犯下惡名昭彰的南京大屠殺。在臺灣、日本與中國都主張擁有主

2 編注：日本靖國神社供奉自明治時代陸續因國家戰爭戰死的軍人，將近兩百五十萬名，其中二戰就超過二百一十三萬人，由於當中包含十四名甲級戰犯，備受國內外爭議。政治人物前往參拜，都被認為是敏感問題。有關靖國神社供奉人數參考自蘇俊斌，〈戰爭結束前的靖國神社爭議〉，《人文與社會》學報第二卷第八期（二〇一一年六月），頁一一〇至一一一。

權的釣魚臺列嶼問題上，他反而公開支持日本。他無懼公關災難，成為唯一到供奉日本戰犯[2]的東京靖國神社參拜的亞洲著名領袖，儘管當時他已經卸任。他為自己高度爭議性的行為辯護，指出自己的兄長就供奉在那裡。如果這是在強烈反日的首爾發生，有可能變成一場真正的醜聞。

身為溫言細語的領導者，談起臺灣獨立，李登輝卻向來直言不諱。他曾說臺灣與中國之間是「特殊的國與國關係」，引發了一場政治風暴。雖然有「民主先生」之稱，私下的他卻是謙遜低調，在家學習演奏小提琴，也愛下象棋。他的家庭生活多數時候都保持私密。他與兒時即相識的曾文惠結褵，育有二女一子，幾乎從未在大眾面前曝光。同樣的，李登輝在領導推動重大政治改革時也保持低調，按部就班地為本土政黨民進黨的崛起鋪路，使之成為夠格的另一個政黨選擇。在他第二任總統卸任前，政治改革已獲長足進展，使民進黨主席陳水扁得以當選總統。今天，臺灣再度由另一位民進黨籍總統領導。蔡英文總統憑自身努力抵達領導層峰，不似亞洲某些其他女性政治領袖是靠政治王朝家族姓氏的助力崛起。她的成就，代表了臺灣最極致的政治成功。李登輝地下有知，應為自己協助促成了真正的政治改革而感欣慰。

****

作者說明：本文作者特別感謝閱讀與編輯這篇回憶文章的兩個人：閱讀初稿的新聞工作者江春男，以及細心編輯的莊瑞琳，逐句檢視，修正日期、事實與歷史背景，釐清文中出現歷史人物所扮演的角色。少了她鷹眼般銳利的編輯功力，這篇文章不可能寫成。感謝他們兩位。

李登輝與獨台會案

吳俊瑩

臺灣大學歷史學系博士，現為國史館協修。研究領域為臺灣法律史、二二八事件。近來從事二二八事件、戰後臺灣政治案件的檔案彙編工作。合著有《政治檔案會說話：自由時代公民指南》。

發生在「臺灣民主元年」的獨台會案

李登輝總統過世後，臺灣內部與國際社會，不約而同都將李登輝的歷史定位放在推動民主憲政的路上，許多象徵臺灣民主發展的階段性成果，常被歸諸於李登輝——「民主先生」之名，不脛而走。

其中，一九九一年是臺灣民主進程發展的關鍵時點。五月一日李登輝宣告終止動員戡亂、五月十七日立法院廢止《懲治叛亂條例》、五月二十四日再廢掉《戡亂時期檢肅匪諜條例》，年底「老賊」退職，萬年國會終結。我們常以結果與時序反推這一年所有的政治變遷，視李登輝為臺灣民主化的奠基者。

然而，「末代叛亂犯」的獨台會案，也發生在有「臺灣民主元年」之稱的一九九一年。有一種說法是，政治上李登輝總統想藉由獨台會這樁偶發事件排除某些障礙，借力使力，順勢加速《懲治叛亂條例》的廢除。獨台會案後，美國臺獨運動者闖關回臺，陸續遭國民黨當局逮捕，激起知識界、學術界加速籌組「一〇〇行動聯盟」，最終使得《刑法》一百條的內亂罪，加上以「以強暴或脅迫著手實行者」的構成要件，而在法律上落實「思想無罪」，實踐真正的言論自由。

另一種說法，則是認為國民黨內非主流勢力行政院長郝柏村想藉獨台會案，向社會宣示縱使終止動員戡亂，臺獨思想也不能為所欲為，是郝柏村的軍人內閣嚇阻臺獨的行動，[1] 情治單位故意給李登輝難看的反應。[2] 郝柏村自被李登輝任命行政院長以來，自認忠實地執行蔣經國的解嚴三條件：遵守《中華民國憲法》、支持反共國策、與臺獨劃清界線，也用蔣經國路線來檢視頂頭上司李登輝，不過郝卻因獨台會事件跌了一跤。[3]

獨台會事件碰觸到臺灣政治自由化的最後一哩路——主張臺灣民族主義、追求臺灣作為主權獨立的國家在中華民國體制內的合法性問題。一九九〇年五月二十日，李登輝在就職演說明示近期將宣告終止動員戡亂後，行政院隨即展開以動員戡亂時期為適用要件的法律、命令修正、廢止等盤點工作，然在三十四種應廢止或修正的法律案，《懲治叛亂條例》及《戡亂時期檢肅匪諜條例》不在考慮廢止之列。這意味著當「反共」議題，隨著宣告終止動員戡亂獲得一定程度的緩和，但看在高舉「反臺獨」大旗的郝內閣眼裡，被視為分裂主義的臺獨主張，

1 張炎憲口述，廖建華訪談，陳世宏、陳美蓉抄本製作，《張炎憲教授最後訪談錄：從「獨台會案」談一九九〇年前後臺灣的民主化運動》（臺北：吳三連臺灣史料基金會，二〇一九），頁二一至二二。

2 李筱峰，《小瘋人生：我的學思歷程與民主自由的追尋之路：李筱峰六九回憶錄》中冊（臺北：玉山社，二〇二一），頁三六六。

3 若林正丈，李承機等譯，《戰後臺灣政治史——中華民國臺灣化的歷程》（臺北：國立臺灣大學出版中心，二〇一四），頁二四六。

仍是《懲治叛亂條例》、《刑法》一百條的追訴對象。

後來的歷史敘述與評價上，李登輝似乎與獨台會事件保持著「安全距離」，甚至有認為李登輝無力阻止國民黨內的鷹派勢力抓人，但李藉由外部的社運力量來抗衡保守的黨國體制。然而在獨台會案，人民面對的是「李郝體制」，特別是情治系統運作，不可能「越過」總統，何況當時的國安局長宋心濂與李登輝關係不差，那麼李登輝究竟在獨台會案爆發前，看過什麼？做過什麼決定？如今，隨著政治檔案的開放，藉由直接隸屬於總統的國家安全局檔案，[4] 理應做出適度的釐清，嘗試還原這段當事人後來「記不太清楚」的過程。[5]

由下而起的獨台會案

國民黨政府關注獨台會在臺成員的行動，係得自警總、調查局對早在一九八三年三月十四日通緝在案的史明從事例行偵監管道所獲。警總特檢處自一九九〇年四月起陸續攔獲陳正然（署名林天茂）寄給史明（化名林翔之）的信，提及工作順利展開，正籌組以社、學運幹部為主的《臺灣人四百年史》與《社會主義》讀書會，引起當局注意。[6] 情治機關認為史明透過「單訓」方式，積極在臺發展叛亂組織，而主要幹部有林宗正（城鄉宣教運動主任委員，Urban Rural Mission，簡稱ＵＲＭ）、簡錫堦（臺灣民主運動北區政治受難者基金會前會長，簡稱北基會）、王秀惠（ＵＲＭ北區婦女組長）、陳正然（臺北市「無花果資訊文化有限公司」負責人）、陳鴻榮（臺灣農權總會祕書長）等人。

4 以下所引檔案，除另有注明外，出自〈台獨會案〉，《國家安全局檔案》，檔案管理局藏，檔號：A803000000A/0079/C280218/1。不知係誤寫或其他緣故，國家安全局文卷案名稱為「台獨會案」。

5 青年導演廖建華在拍攝獨台會案紀錄片《末代叛亂犯》時，曾試圖接觸李登輝、郝柏村等人，未聯絡上郝，李登輝則以「記不太清楚」為由拒訪。〈調查局辦獨台會案 導演解讀：邪惡平庸性之再現〉，自由時報電子報，二〇一五年五月九日，網址：https://news.ltn.com.tw/news/politics/breakingnews/1312343。

一九九〇年八月二十三日，國安局三處一組綜整調查局與警總對史明在臺勢力的電監及特檢情資後，認為史明在臺勢力，「死灰復燃」，已有領導核心（林宗正、簡錫堦等）、中層基幹（王秀惠、陳正然等）及行動分子（「阿富」、「阿義」等）與同路人等所謂的「部署」。國安局認為分別由調查局及警總各自辦理對史明在臺勢力，缺乏統合力量，「為求有效肅防及止亂於初動」，擬協調調查局成立專案，會同警總，彙整運用電監、特檢、內線資料，積極偵破，並將本件彙報總統李登輝。

從國安局長宋心濂在八月二十四日的批示來看，他對史明的獨台會還不是很清楚，雖對國安局三處的擬辦表示同意，同時也提出兩個問題：「一、史明是否通緝有案？台灣獨立會（按：原文如此）是否已列叛亂組織？二、陳某（按：指陳正然）是國民黨員嗎？如是，參加組織活動嗎？」這顯示獨台會並非是所謂的高層交辦，國安局是後來才出面進行協調成立專案小組。

一九九〇年八月二十九日國安局長宋心濂向總統李登輝提出「獨立台灣會」負責人史明在臺發展情形專報，告以「上情已協調調查局專案偵辦中」。李登輝於同日批「閱」。可知最遲在一九九〇年八月二十九日李登輝已獲悉國安局正在督導調查局成立專案小組偵辦史明在臺發展組織——此時距離一九九一年五月九日調查局收網日，還有二五三天。換言之，對於國安情治機關對獨台會的偵辦步調與進程，李登輝是清楚的，並沒有被突襲。

6 後來陳正然在臺大大陸社帶的讀書會成員有：陳偉智（歷史一）、郭晉彰（動物一）、賴中強（法學三）、藍佩嘉（社學三）、樊家忠（經濟二）、游淑峰（外文一）、葉意通（植病三）、林世嘉（公衛四）、蘇旺正（醫學四）、劉建忻（工管五）、曾文生（土木三）、杜慧莘（化工二）、陳維曾（國關一）、陳良璣（國關一）。名單見廖建華、黃佳玉編，《末代叛亂犯：獨台會案始末口述訪談》（嘉義：廖建華，二〇一九），頁二二三至二二九。

簽呈

七十九年八月廿九日

於國家安全局

保密區分	絕對機密	極機密	機密	密

批示：閱 登輝 八.卅

本件註銷機密等級
核准機關及條碼號：
國家安全局
第108300D10671號
生效日期：108年12月2日
登記人：國家安全局

主旨：謹呈報在日僞「獨立台灣會」負責人施朝暉（化名「史明」），近期在台發展叛亂勢力情形，恭請鈞詧。

說明：

一、施朝暉（化名「栗原正博」、「史明」、「施肇基」、「林宏」、「宮內文」、「林翔之」），男，民國八年十一月九日生，台北市人，日本早稻田大學政經系畢業

第 一 頁

附件

局長已呈閱

本件保存 年 卷 號

裝 訂 線

一九九〇年八月二十九日李登輝獲悉國安局呈報的獨台會辦案情形 檔案管理局提供，檔號：A803000000A=0079=C280218=1=0001=virtual001=0053

辦獨台會案的政治動機

國安局注意到獨台會活動係與廣大中下階層群眾結合，分別物色人物，透過個別單訓，著重在學校及基層發展，引起國安單位側目，也成為當局想藉機宣示整肅的對象。但實際上，獨台會對國民黨政權的危害程度極其有限，組織性尚稱薄弱，所謂的著手實行事證之一，僅是張貼臺獨貼紙。以獨台會案中擁有較多人際及社會關係網絡的王秀惠為例，當局指王秀惠對URM、北基會、進步婦盟及民進黨北市黨部組織成員具影響力，一九九〇年十一月底時，調查局掌握到史明已指示某人（按：檔案遭國安局塗黑）交付王秀惠「臺灣民族獨立，勞苦大眾出頭天」、「獨立建國」貼紙二百張張貼宣傳，以及設法交付第三者協助張貼之情資，調查局認為此舉已觸犯《懲治叛亂條例》第七條為叛徒宣傳之罪，如果能夠取得王秀惠是獨台會成員的證據而張貼傳單，則可用「二條一」來嚴辦。

經調查局第三處處長王光宇與國安局第三處處長高不眗研討後，雙方達成共識，若王秀惠將獨台會宣傳單付諸張貼或由第三者代為張貼，均構成《懲治叛亂條例》第七條，不論首從，均得偵辦。[7] 同時，國安局的簽呈更透露出偵辦王秀惠的動機，稱：

> 在目前民進黨倡組「主獨會」之際，藉由偵辦王秀惠之「獨台會」，可宣示政府承辦臺獨決心，可壓抑臺獨氣焰。

「主獨會」係一九九〇年十一月十四日民進黨中央黨部成立「臺灣主權獨立運動委員會」的簡稱，係為落實一九九〇年「一〇〇七決議文」，推動日後的憲政體制及內政、外交政策應建立在臺灣事實主權理念的基礎上。先前在國是會議期間，國、民兩黨就憲改議題曾有良好互動，因為行政院長郝柏村的政策、國統會成立，使得民進黨研判國民黨內保守勢力反撲，李登輝不能或無意

7 《懲治叛亂條例》第七條：「以文字、圖書、演說，為有利於叛徒之宣傳者，處七年以上有期徒刑。」

從事憲改，因而提出包括「主獨會」等反制，[8]使得統獨爭議再度激化，[9]朝野政治氣氛處於對峙狀態。[10]面對政局的變化，在野黨拉高臺獨聲量，情治機關顯然想藉辦影響力不大的獨台會，宣示反臺獨的用意，昭然若揭。

獨台會辦不辦，不是只有時任調查局副局長高明輝所說：「我只是看執法要件合不合？合，我們就辦。」將自己定位為只是「奉公守法」的公務員，[11]一幅毫無政治動機的樣子。事實上，行政院長郝柏村反臺獨的立場是出了名，用深惡痛絕來形容，亦不為過，他上臺之初不僅與民進黨立委就臺獨議題唇槍舌戰。在郝的內心，早已顯露出對李登輝「縱容臺獨」，背離蔣經國路線的憂慮。[12]

先李後郝

在調查局展開逮捕行動的六天前，一九九一年五月三日國安局第三處起了一份「最速件」的簽稿，擬同意調查局逮捕獨台會成員陳正然、廖偉程、王秀惠、林銀福（Masao Nikar），原擬同時呈報總統李登輝及行政院長郝柏村，但國安局長宋心濂則將受文者「行政院院長」劃除，批示：「先專報俟批示後再呈報院長。」體制上國安局並不向行政院負責，國安局的同仁不會不知道，

8 〈兩黨之間　又陷低潮〉，《自由時報》，一九九〇年十一月二十三日，二版。

9 〈四個多月，推出政治運動及體制內機構多達七個，但能有多少成效？民進黨腳步該加快了！〉，《自立早報》，一九九〇年十一月十九日，二版。

10 〈民進黨立院黨團是否參加憲改協商？　謝長廷：得視黨團會議中常會決議〉，《中時晚報》，一九九〇年十一月十九日，二版。

11 高明輝口述，范立達整理，《情治檔案——一個老調查員的自述》（臺北：商周文化，一九九五），頁二二五至二二六。

12 一九九〇年一月二十六日郝柏村日記：「今日是舊曆除夕，回顧過去一年，余可謂歷經挑戰與煩惱。余治軍坦承血性是尚，從政亦然，自經國先生崩逝，余支持李總統，以對經國先生之心對李，但兩年下來，李並未以經國先生之政策路線對余，尤其過去一年，縱容臺獨，實已危及國本。」郝柏村，《郝柏村回憶錄》（臺北：天下文化，二〇一九），頁三四四。

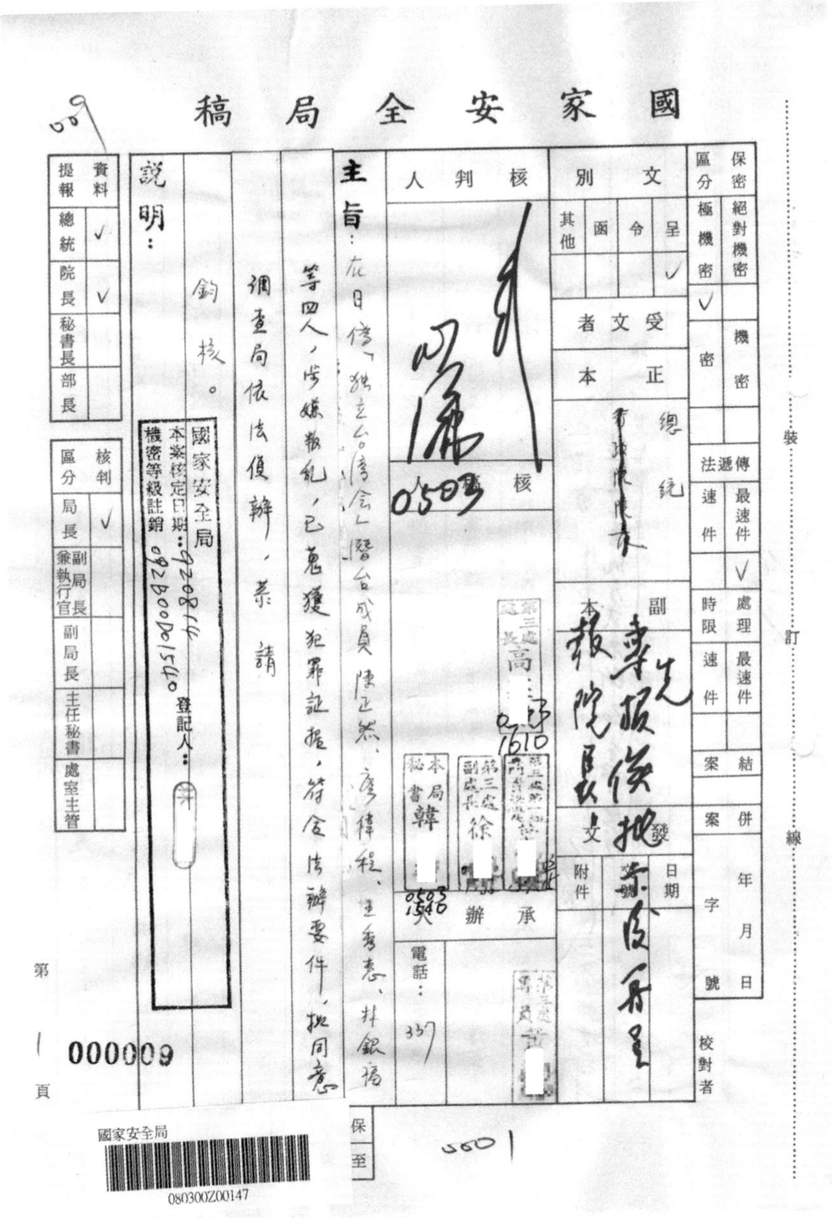
國家安全局稿

保密區分	
絕對機密	極機密 ✓
機密	密

傳遞法	
最速件	速件
✓	

處理時限	
最速件	速件

結案 併案 年 月 日 字號

文別：呈 ✓ 令 函 其他

受文者：正本 總統 ~~行政院院長~~ 副本

先事報俟批示後再呈報

核判人：宋心濂 0503

第三處處長 高[redacted] 0503 1610

本局秘書 韓[redacted]　第三處副處長 徐[redacted]　第三處第一科科長[redacted]

承辦人 0503

電話：337

第三處專員 許[redacted]

主旨：在日僑「獨立台灣會」暨台成員陳正然、廖偉程、王秀惠、林銀福等四人，涉嫌叛亂，已蒐獲犯罪證據，符合法辦要件，擬同意調查局依法偵辦，恭請

鈞核。

說明：

資料提報	
總統	✓
院長	✓
秘書長	
部長	

核判區分	
局長	✓
副局長兼執行官	
副局長	
主任秘書	
處室主管	

國家安全局
本案核定日期：92.08.14
機密等級註銷 092B000D1540
登記人：

第 1 頁

000009

保 至

國家安全局
080300Z00147

一九九一年五月三日國安局長宋心濂修改屬下的簽呈，指示「先事報俟批示後再呈報院長」，並將原本擬稿的正本受文者行政院院長劃刪。

檔案管理局提供，檔號：A803000000A=0080=C280218=0001=01=009=0001

為何還要局長提醒先後？郝柏村當時為了整頓治安，認為須先整合情治單位，曾和宋心濂商量，由國安局擔任治安會報的祕書工作，郝也不否認這是「以我過去在軍中及及情治單位的影響力」，讓國安局負起治安會報的幕僚祕書作業，[13]情、治一家的結果，郝柏村的權限相形變大。但宋心濂可能是留意到二天前李登輝才宣告終止動員戡亂，各種言論與活動自由可獲得更大程度的發展空間，是否要對獨台會展開行動，得由李登輝決定，故而指示部屬必須先獲李登輝的批示後再呈報院長，這種先後關係，更說明了李登輝在獨台會案有其不可迴避的角色。

一九九一年五月四日國安局專報總統李登輝的極機密簽呈送抵總統府，同日李登輝對陳正然、廖偉程、王秀惠、林銀福等四人的依法偵辦行動，批「可」。檔案顯示，獨台會案並未有如外界傳聞還在李登輝剛終止動員戡亂，情治單位故意給李登輝難看。五月七日國安局再呈報行政院長郝柏村——此時距離行動日的 D-Day，只剩二天。

有意思的是，國安局給李、郝的報告內容儘管相同，但宋心濂將第三處專員呈行政院長郝柏村的簽稿中「擬同意調查局依法偵辦，恭請鈞核」，修改為「刻正由調查局依法偵辦中，恭請鈞察」，同時宋心濂也將原先呈給李登輝的擬辦文字——「擬同意調查局對陳正然、王秀惠、廖偉程、林銀福四人，依法偵辦」，整段劃除，意思是不用由郝來「核」。宋心濂所更動的字句是有意義的，獨台會案的偵辦逮捕行動已獲李登輝的同意，儘管郝柏村在簽呈上批「依法究辦」，但國安局在公文表現出來的，只是單純知會郝而已。

13 郝柏村，《郝柏村回憶錄》，頁三六一至三六二。

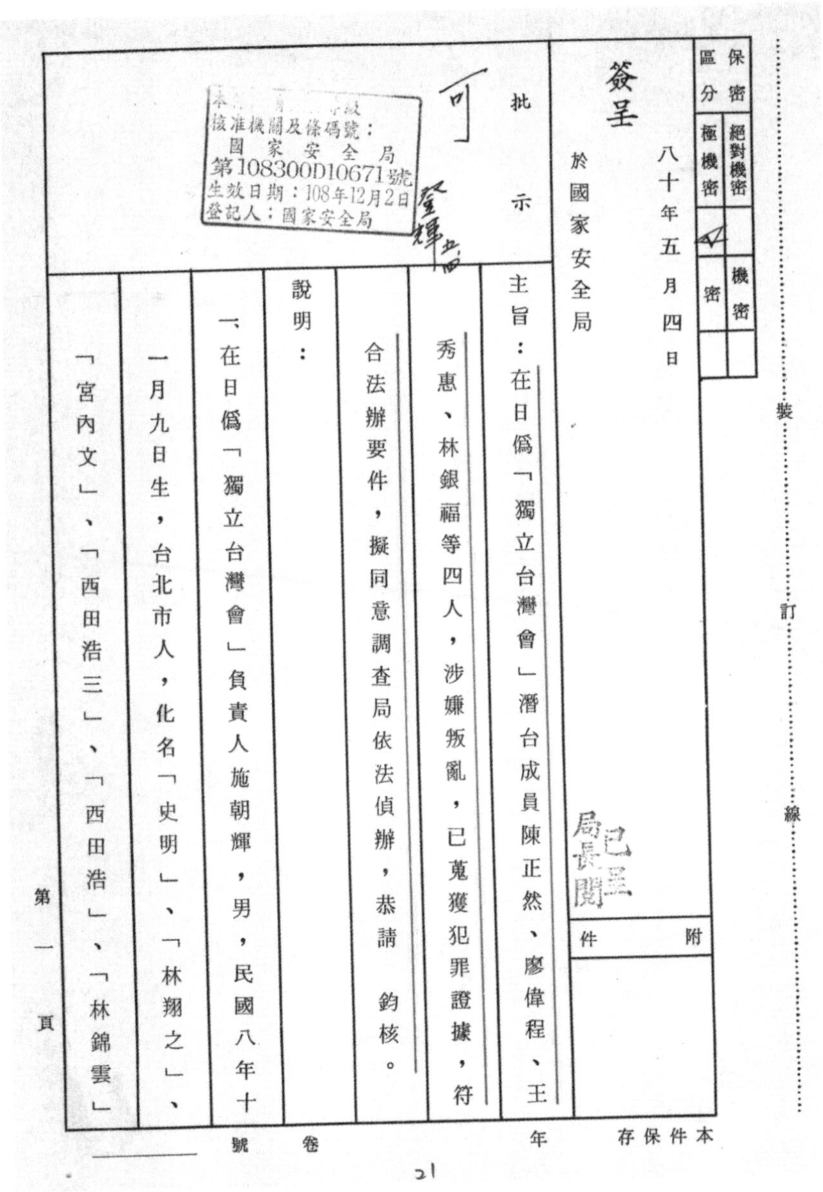

保密區分：絕對機密｜極機密｜機密｜密

簽呈

八十年五月四日

於國家安全局

批示：

可

登輝

本[illegible]解密
核准機關及條碼號：
國家安全局
第108300D10671號
生效日期：108年12月2日
登記人：國家安全局

主旨：在日僞「獨立台灣會」潛台成員陳正然、廖偉程、王秀惠、林銀福等四人，涉嫌叛亂，已蒐獲犯罪證據，符合法辦要件，擬同意調查局依法偵辦，恭請　鈞核。

說明：

一、在日僞「獨立台灣會」負責人施朝輝，男，民國八年十一月九日生，台北市人，化名「史明」、「林翔之」、「林錦雲」、「宮內文」、「西田浩三」、「西田浩」、

局長已閱

附件

第一頁

本件保存　年　卷　號

21

一九九一年五月四日李登輝對陳正然等四人展開「依法偵辦」，批「可」。

檔案管理局提供，檔號：A803000000A=0079=C280218=1=0002-1=virtual001=0021

情治機關對社會力的嚴重低估與誤判

五月八日高檢署檢察官陳清碧配合調查局開出六張搜索票、四張拘票，九日清晨在臺北市逮捕陳正然、在新竹清華大學宿舍帶走廖偉程、在新店押走王秀惠，以及在高雄拘提林銀福。從事後的發展來看，獨台會案因情治單位進入大學校園逮人，獲得全臺大專院校的師生聲援，激起社會強烈憤怒與抗議，令人聞風喪膽的《懲治叛亂條例》，在五月十二日大專院校師生靜坐聲援，十三日教授學者成立「知識界反政治迫害聯盟」，十五日上千名學生集結臺北火車站夜宿聲援，《懲治叛亂條例》如摧枯拉朽般，旋於五月十七日由立法院廢止。《懲治叛亂條例》廢止後，連帶使得《戡亂時期檢肅匪諜條例》失其依據，[14] 隨後也由行政院送請立法院審議廢止，構成白色恐怖的兩大惡法，煙消雲散。打鐵趁熱，為了爭取保障臺獨言論的根本自由，《刑法》一百條廢止問題獲得社會更大的注意，被提上社會運動的議程。

在李登輝宣告終止動員戡亂後的首起展開行動的「叛亂案」，國民黨當局「大張旗鼓」進入清大校園抓人，到最後卻是「灰頭土臉」收場，究竟事前有無預料到？負責本案的調查局副局長高明輝，說那陣子是他「最難過的時刻」，外界非但沒有給予這樁人證、物證確鑿的辦案成果應有的掌聲，反而一片罵聲，不想再當「窩囊廢」，辭職不幹了，社會因獨台會引起的動盪與風波，出乎意料。[15]

國安情治機關事前雖然預料會有抗爭聲援，但顯然低估社會抗爭力道。前述一九九一年五月四日國安局給李登輝的報告，調查局就「偵辦『考量』」，有如下評估：

> 1 史明與日本赤軍連交密，強烈主張臺灣獨立並進行無產階級社會主義革命，本案若能依法偵辦，對國內目前高漲之臺獨聲浪可予有效壓制。
>
> 2 現階段偵辦臺獨叛亂案件，雖亦引起海內外分離分子抗爭聲援，惟本案證據充分，應可降低爭議。

14 《戡亂時期檢肅匪諜條例》第二條：「本條例稱匪諜者，指懲治叛亂條例所稱之叛徒，或與叛徒通謀勾結之人。」

15 高明輝口述，范立達整理，《情治檔案——一個老調查員的自述》，頁一二五至一二七。

調查局雖瞭解現階段偵辦臺獨案件，極易引起抗爭、聲援，但認為如果辦陳某等人證據充分，那麼抗爭及所生之損害當可予化解。調查局之所以對事證強度這麼有信心，原因之一是調查局安插在史明身旁的內線「青山」，深受史明信任，負責擔任「交通」角色，調查局能透過「青山」掌握史明與所謂「潛臺人員」的聯繫及交付《獨立台灣會革命綱領》、宣傳貼紙等，已達著手實施程度。

國安局的綜合研析，同樣認為藉由調查局提議偵辦陳正然等四人，可對島內參加史明組織者起到「震懾作用」，藉以遏止獨台會續向校園、勞工、教會團體蔓延，並「宣告政府『反臺獨』之決心」。至於可能引發的社會效應之顧慮，只要注意，但不必憂慮。國安局與調查局相同，同樣認為逮捕後的社會示威抗議活動，「不會長久」，理由是政治聲援管道有限。國安局甚至只評估了王秀惠的社會網絡，對陳正然、廖偉程、林銀福連提都沒提。國安局稱：

1 陳正然等四人，僅王秀惠為「民進黨」黨員，但在該「黨」派系運作中，均不屬「偽盟系」（按：「偽盟」可能係指美國的台獨聯盟）、「美系」、「新系」，聲援管道有限；雖與校園、教會有所交往，但亦未受到重視。故即令引起抗爭，其程度應屬有限，似不必顧慮，反可自本案中，揭穿「獨台會」鼓煽校園不安之陰謀。

2 國內外人士對我政府推行民主憲政，依法懲處不法分子，向持肯定、支持態度。

國安局只從與民進黨關係的深淺來評估動手後的社會聲援強度，大環境的社會氣氛與政治氛圍似不在當局考量之內，甚至認為美國及中共也暗示或表明「反臺獨」的態度。國安局並認為偵破此案的話，可揭穿獨台會煽動校園不安陰謀。若此，進入校園拘提廖偉程也不是什麼大不了的事。顯然國安情治單位對民間及校園的聲援力道，嚴重低估，抗爭集結的時間如此之快，知識界、社運界、學運界、宗教界結合，加上民進黨動員，其所引發的抗爭廣度與強度可謂盛況空前，國民黨當局可謂嚴重誤判，原以為可藉偵破獨台會案對近期日熾的臺獨氣焰，產生「降溫作用」，結果演成提油救火，調查局先把自己給「辦倒了」，還讓堪稱臺灣最大惡法的《懲治叛亂條例》壽終正寢。

轉型時刻下的臺獨言論

從國安情治機關檔案，可以確定的是李登輝對於獨台會案的階段偵查情形，乃至決定動手抓人，宣布案件偵破，均事前知情且同意。但可以確定的是，獨台會案可說是由下而起，並非層峰交辦，但絕對是迎合了郝柏村強烈反臺獨的施政方針。李登輝對國安局請示同意調查局「依法偵辦」的時間批可的時間是一九九一年五月四日，是在他宣布終止動員戡亂後的三天，五天後調查局才上門逮人。既然國安局長宋心濂是在事前請示李登輝，而非事後報備，甚至還讓李登輝比郝柏村先看到專報，李登輝並沒有被突襲。

當情治機關聲言獨台會案係具危害性、活動性、組織性之臺獨叛亂案件，在「李郝體制」下，國民黨舊勢力依然根深蒂固下，乃至李登輝「進二步、退一步」的循序漸進的主政態度，[16]確實難以期待李登輝做出「緩辦」的批示，否則豈不坐實國民黨內部及情治系統對李登輝國家觀念模糊的質疑，影響李登輝所設定的臺灣民主進程。

一九九〇年七月五日，農業學者出身的李登輝，接見美國在臺協會處長魯樂山（Thomas S. Brooks）時，曾這麼比喻當時的轉型時刻——「就像生物變化過程，由蛹變成飛蛾，在變化期間最危險，要小心因應，度過這段期間就好了。」[17]獨台會案發生後，李登輝也無意處理《刑法》一百條的問題。一九九一年九月中研院院士李鎮源領銜，由學界、醫界、社運界組成廢除《刑法》一百條的「一〇〇行動聯盟」展開慘烈的抗爭行動時，

16 李筱峰，《小瘋人生：我的學思歷程與民主自由的追尋之路：李筱峰69回憶錄》中冊（臺北：玉山社，二〇二一），頁三二七至三二九、三五四至三五六。

17 〈總統李登輝談話紀要（三十二）〉，《李登輝總統文物》，國史館藏，數位典藏號：007-070200-00032-004。

李登輝找來民進黨主席黃信介、祕書長張俊宏、康寧祥及司法院長林洋港見面，張俊宏建議既然大陸政策採取開放，如果對臺獨言論也持開放態度，可不使主張臺獨人士被「逼」成英雄，或可以半年為期做實驗，如屆時造成社會動亂，政府更有立場採取高壓手段。

對此，李登輝的回應是，他無意施行高壓統治，但是認為明年底立委選舉後，臺灣政治會有新的局面，開放臺獨言論不在他所設定的政治進程，李說：「目前臺灣內部問題非常複雜，同時國際輿論也有意見，如要大幅開放臺獨言論，本人認為目前不是時候。可俟明年三、四月修憲完成後再考慮。」底線與刪除線標記的內容，是談話紀錄上後來所做的增添與刪除。李登輝進一步說：「開放臺獨言論還要考慮大陸的反應，不是我們本身的問題而已。」[18] 由此可以瞭解開放臺獨言論不是一九九一年這個轉型時刻的當務之急，這有助於我們理解李登輝為何會對獨台會案的偵辦批「可」。

獨台會案急轉直下，李登輝及親李的國民黨集思會立委黃主文等人在事發後如何善後，這又是另外一段有待瞭解的故事了。不過，可以確定的是，臺灣政治自由化的最後一哩路，這個「勢頭」是臺灣人民自己走出來、衝撞體制到手的。

18 〈總統李登輝談話紀要（三十）〉，《李登輝總統文物》，國史館藏，數位典藏號：007-070200-00030-003。頁三一。

從農學報國到臺灣人總統
——以農業發展視角理解李登輝

江昺崙

臺中人，現居臺南。政治大學臺灣文學研究所碩士、臺灣大學臺灣文學研究所博士班肄，研究領域為臺灣農民文學。曾參與《史明口述史》、《終戰那一天》及《文協一百點》等歷史書籍撰寫，也是《永遠的農業人：李登輝與臺灣農業》的共同作者。

臺灣前總統李登輝於二〇二〇年七月三十日逝世，享耆壽九十八歲。揆諸李登輝生平功業，最為人津津樂道的是他推動的「寧靜革命」，協助臺灣從威權體制轉型到民主自由的國家；李登輝也試著將兩岸問題，從兩蔣時期一個中國的內戰框架，拉到「特殊國與國關係」，在內政及外交上，都大幅度改變了臺灣國家的前途。

由於李登輝是一九八〇年代後臺灣政治改革關鍵時期的領導者，因此主流研究大多聚焦他的政治功業。但臺灣社會鮮少關注到李登輝對於臺灣農業的貢獻，也比較缺乏探討他的農業思想。而筆者在一次機緣下，與豐年社總編陳慧萍合著了《永遠的農業人：李登輝與臺灣農業》一書，在蒐集材料及訪談的過程中，我們發現到李登輝的政治道路，與他深厚的農學背景有密不可分的關係，並且他有著強烈的「農業人信念」，如此的關懷及生命哲學，奠定他在政治上的成就。

因此本文提出一些初步論點，討論李登輝如何改變臺灣農業發展道路，並且以農業人的觀點出發，爬梳李登輝農學思想的養成及其意義。

李登輝與臺灣農業發展的關鍵轉變

如同當代臺灣人津津樂道的，引進積體電路產業，創造臺灣晶片奇蹟的推手是李國鼎跟孫運璿。他們二人在一九七三年創設工研院，推開了臺灣邁向高科技工業領域的大門；但很少人注意到，當時擔任行政院政務委員的李登輝，也正推動一場大規模的農業改革及投資計畫，悄悄改變了臺灣農業發展的方向。

當時臺灣農業的發展背景是：日本總督府在二戰時期，建立了糧食統制制度，稻米等民生必須品一律由政府管控及分配。二戰結束之後，陳儀的臺灣行政長官公署沿用了這套糧食統制制度，但由於人謀不臧、糧食徵集不力等各項因素，稻米價格飛漲，一九四六年臺灣社會開始出現制度性的糧荒，埋下了二二八事件的遠因。

於是當時的糧食局長李連春開始推行「田賦徵實」（用穀物繳交農地稅）、「隨賦徵購」（額外追加徵購糧食）等制度，到了一九四九年後，又推行「肥料換穀」（用化肥跟農民交換穀物）政策，透過一系列穀物徵集的制度，確保安全的糧食儲備數量，也確保了近百萬名撤退來臺軍民的生活安定。

所以在一九七〇年代以前，蔣介石政府主要的農業政策，除了農地的再分配之外（土地改革），最重要的還是放在糧食生產及徵集方面，糧食局以不對等的價格跟農民交換穀物，尤其是肥料換穀這個方式，政府可以從中賺走大約四至五成的價差，要說是「剝削農民」也不為過。青年時期的李登輝，對於肥料換穀特別不滿，曾經在與彭明敏聚會的時候，對糧食局長李連春大加批評。日後他的學術研究裡，也特別提到這些糧食徵集制度是一種「隱藏的稅收」，農業的稅收比其他行業更加沉重。

因此雖然戰後有土地改革，以及農復會所協助推動的農業組織改革及技術改革，所以到了一九六〇年代臺灣農業的生產力已經完全恢復，甚至超越戰前的生產水準，李登輝說這是臺灣農業生產的「田園之樂」黃金年代。不過政府依舊將農業政策定調在穩定糧食儲備，農村的基礎建設及農民社會福利都付之闕如，到了六〇年代末期，農業與工商業的收入已經處於嚴重失衡的狀況，甚至有些地區的稻農，種作的成本高於利潤，愈種愈窮困，所以農業人力被擠壓到其他部門，造成農村青壯年人口大量外移等問題。

在農產業瀕臨崩潰之際，李登輝受到蔣經國賞識，擔任行政院政務委員。李登輝對於肥料換穀政策始終抱持反對的立場，後來他也說服了蔣經國等高層，於一九七三年推動「加速農村建設重要設施」（簡稱九大措施），其中第一項就是「廢除肥料換穀」，並且在九大措施之內，還有「加強農村公共投資」等政策，政府將投資大約二十億元，正式將農產調控及農村基礎建設納入國家發展的項目當中。九大措施的推動，終於替臺灣農民卸下肩頭上的重擔，改變了長期壓榨農業的政策，扭轉臺灣農業衰頹的命運。

李登輝的特殊性

至於為什麼蔣經國提拔的是李登輝？而且李登輝還有著參加共產黨的「案底」？一九六九年的時候李登輝曾經被帶到警總訊問七天，原因不明。但當時警總的人就跟李登輝說：「也只有蔣經國，才敢用你這種人！」可見蔣經國要任用李登輝，一定有著相當特殊的理由。

筆者推斷李登輝受到重用的理由有幾個：

其一，李登輝當時擔任農復會農經組的組長，農復會是由美國及中華民國合作成立的農業機構，是美援時代下至關重要的單位，在裡面工作的，都是當時農業領域的菁英。而李登輝也在一九六八年拿到康乃爾大學博士學位，論文還獲得了美國農業經濟學會的傑出論文獎。因此就才識的部分，李登輝算得上一時之選。

其二，李登輝的理想性比同時代的官僚還高。在此我們可以將李登輝及糧食局長李連春做比較——李連春出生於臺南後壁，畢業於日本的商業職業學校，年輕時曾在商社工作，對米穀市場很有心得，戰後接任糧食局的工作，穩定臺灣的糧食生產，並推行「肥料換穀」等政策。李連春為典型的日本式官僚，做事公私分明、一絲不苟，因此雖然李連春是本省人，卻獲得蔣介石極大的信賴，讓他一連主掌了二十餘年的糧政，且蔣介石本人也經常當面與李連春討論糧政，可見他的重要性。但李連春只知道執行上級的政策，千方百計從農民身上徵集到最大量的稻穀，忽略農民生活的困苦，以歷史定位來看，他頂多就是一名克盡職守的官僚。

而李登輝不單純是個官僚，雖然他也是受日本教育長大，但李登輝的農業政策，思考面向比較全面。李登輝在一九五二年到美國愛荷華州立學院（現為大學）就讀碩士，當時他很仰慕經濟學者舒茲（Theodore William Schultz），所以才選擇到愛荷華念書。舒茲最著名的人力資本理論，就是指出開發中國家經常將農業視為傳統、落後且沒有前瞻性的產業，便將農業的資本挪移到工業部門，但整體經濟發展的效率卻不如預期。所以舒茲認為，發展中國家更應該增加投資農業部門，特別是加強農民的人力資本（教育、在職訓練及社會福利等），讓農業走向現代化，增進國家整體經濟生產的效益。

雖然李登輝最後未能成為舒茲的學生，因為舒茲早已轉到芝加哥大學教書。不過他之所以敬仰舒茲的理論，並非偶然。李登輝大學時代的論文就是研究日本殖民統治的農業勞動問題，背後藏有馬克思經濟學的框架。一九五〇年代初期他看見臺灣農業發展的走向，與戰前榨取農村剩餘價值並無二致，而舒茲對於投資農村人力資本的理論，正好與李登輝理想的農業政策相符。換言之，李登輝是有著農業發展藍圖的知識分子，並不單純是像李連春那樣的行政官僚。日後李登輝擔任省主席時的「八萬農業建設大軍」，省政府開始積極培養農村人材，正是人力資本理論的實踐。

其三，李登輝在博士學成歸國後，也開始積極在公共領域發聲。一九六八年張俊宏等人創辦《大學雜誌》，李登輝就曾參加雜誌社的論壇，討論「當前農村經濟問題」，李登輝直言「農工不平衡的情形非常嚴重」，農民收入遠低於工人等其他職業。後續李登輝也持續投書，倡議農業改革，甚至點出「肥料換穀」是落後的農業制度。而李登輝也偕同王友釗、李慶餘、毛育剛、陳超塵、余玉賢等農經學者聯合向國民黨提出廢除肥料換穀的建言，當時這六人還被譽為「農經六壯士」。

不僅如此，李登輝還曾經為了《實施耕者有其田條例》修法一案，公開反對過經濟部長孫運璿。原因是台塑希望要在雲林沿海比較貧窮的鄉鎮購買四千多公頃的農地，經濟部希望透過修法來解套，開放農地給企業購買。但農復會的李登輝大力反對，還串連「六壯士」一起抗議，最後在農復會主委沈宗瀚力挺之下，擋下了這個修正案。

李登輝在一九六〇年代末的一系列言行，在白色恐怖年代或許有些大膽，但可能已獲得了蔣經國的注意，蔣當時正準備接班，需要《大學雜誌》的少壯派知識分子及本省菁英作為革新的推力。或許綜合上述條件，李登輝成為了一九七〇年代農業政策改革，蔣經國最屬意的人選。

新渡戶稻造的影響

李登輝在一九七〇年代政壇可以站穩腳跟，除了才學上的理由之外，還有他強大的精神動力。筆者認為，李登輝的學思歷程及內在精神，可大致分成幾項：其一是日本傳統文化及「無私奉公」的思想，再來是社會主義的啟發，以及基督教與人道主義關懷。

如前所述，李登輝是在二戰前接受日本的基礎教育，他曾回憶當時除了學習課內知識外，他還學習劍道，並研修禪學（閱讀鈴木大拙的著作），體驗「武士道」的意涵——這一點至關重要，李登輝在白色恐怖時期，無法明說他受到日本傳統文化的影響有多深，但在他卸下黨主席、總統等政治包袱之後，用日文寫了一本《「武士道」解題：做人的根本》，明白說出他受到日本武士道精神所感召，甚至在道德上也受到很大的啟發。筆者認為，晚年李登輝或許意圖想要贖回二戰前的自我初心，重塑自己的精神史觀。

李登輝在《「武士道」解題》一書中，提到他是經由新渡戶稻造才認識武士道，而他也是經由新渡戶稻造，才理解了英國文學家卡萊爾（Thomas Carlyle）的思想。原本李登輝在臺北高等學校讀書的時候，英文老師島田謹二就讓他們閱讀過卡萊爾的《衣裳哲學》，但這本書內容很抽象，李登輝一知半解，只好去圖書館找資料來看。他翻到架上一本由新渡戶稻造編的衣裳哲學講義，認真地從頭到尾研究了一遍，對於卡萊爾所述，從「永遠的否定」到「永遠的肯定」的「實踐」之路有了深刻的理解。

而新渡戶稻造同時也是引領李登輝走向農學之路的啟蒙者——新渡戶稻造生於日本的岩手縣，畢業於札幌農學校，這是一所日本政府為了開拓北海道而興建的農校，初任副校長為美國退役軍官、農業學家克拉克博士（William Smith Clark），他為札幌農學校留下不少文化遺產，包含基督教教義、紳士精神，也鼓舞了農校學生們的士氣，目前札幌市的羊之丘觀景臺上，還有克拉克博士的雕像，上面寫著：「Boys, be ambitious!」（男孩們，要胸懷大志！）代表當時人們開拓這片北國領土的壯志，也隱含了日本在明治維新後，想要跟隨西方列強腳步，到海外拓殖擴張的野心。

後來新渡戶稻造也在一九〇一年，應臺灣總督府之邀，進行臺灣糖業的改革研究，並於同年提出《糖業改良意見書》，將臺灣糖業帶向資本化與工業化，成為二十世紀日本帝國經濟重要的基石。李登輝或許被新渡戶稻造的生平所感召，亦或他也想加入前人「農學報國」的行列，於是他高校畢業後，選讀了京都大學農學部農林經濟科，期待未來畢業後，可以到滿洲國發展——或許一九四〇年代的滿洲國，就像一八七〇年代的北海道及二十世紀初期的臺灣一樣，是帝國的新興版圖，是讓農業人們一展長才的夢想之地。

農經學者及帝國良心

不過新渡戶稻造並不是個帝國主義者，他在札幌農學校時受到克拉克博士影響，與同學內村鑑三等人一起信仰了基督教，從而理解到人道主義的宗教關懷。例如他在《糖業改良意見書》也考量到臺灣蔗農的處境，提出促進「糖業合作社」及甘蔗保險等方案，可惜未被總督府採納。

新渡戶稻造在東京大學開設「殖民政策講座」，一九三〇年後將講座交給了農經學者矢內原忠雄。矢內原忠雄畢業於倫敦政經學院，十分崇敬新渡戶稻造及內村鑑三的精神，他本人也是基督教無教會主義者（內村鑑三創立），又被稱為「帝國的良心」，他曾經來臺灣進行調查，後來寫成《帝國主義下的臺灣》一書，以經濟學的觀點批判臺灣總督府的殖民政策。矢內原忠雄在中日戰爭爆發後，高聲反對軍國主義，因而被迫辭去東京大學的教職，直到戰後才恢復職務。而矢內原忠雄任教於東大的學生張漢裕，同樣也是個無教會主義者，戰後回到臺大擔任經濟系系主任，對李登輝十分賞識，也特聘李登輝到經濟系教課。

上述幾名學者，從新渡戶稻造、矢內原忠雄、張漢裕，乃至李登輝，雖然跨越了幾個世代，但都具有共同的精神，他們都有著農學背景及基督教思想，因此在他們的學術研究當中，都可以看見人道關懷的特質。而經濟作為一門社會科學，對他們來說，是一個紛亂時代下，改變社會最理性、也最實際的方式。

因此李登輝的學術著作雖然十分專業而艱澀，但都藏有他的社會關懷，例如從他的博士論文《臺灣經濟發展中部門之間資本的流通：一八九五－一九六〇》來看，撥去繁雜的理論及公式，李登輝最主要是要講「當前農業與工業的不平等發展」，簡言之，就是農業受到了嚴重的剝削，導致農業資本大量流動到工業部門。他用理性的數據分析，卻講出了一九六〇年代臺灣最嚴重的社會問題。

不是李登輝的李登輝

不過必須一提的，李登輝並不單純是個理想主義者。他與彭明敏有著十分相似的求學經歷，皆曾赴日求學、經歷戰爭及白色恐怖，但日後的實踐道路卻截然不同——彭明敏無法忍受蔣介石的獨裁專政，與學生魏廷朝、謝聰敏三人發表《臺灣人民自救運動宣言》，最後只好被迫逃亡海外，在海外繼續推動民主運動——彭與李兩人，恰好就是異議流亡者與體制內改革者的鏡像關係。李登輝的農業政策也並非完全重農主義，在面臨國際貿易及外交折衝下，李登輝採取的農業政策是社會福利取向的，在理想與效益當中努力取得平衡，亦即透過補貼、福利政策，平衡農民的收入，但就加入WTO以及農地開放非農民買賣等政策，他亦有彈性的做法。

或許上述的種種學思脈絡，堆疊出李登輝這樣特殊的人格特質。時勢造英雄，但創造李登輝的，不僅是一九六〇年代蔣經國為了掌權而拔擢臺灣菁英的時勢，而是「臺灣人們」從十九世紀末葉到一九五〇年代，歷經由滿清進入日治，翻天覆地的政權更迭及反抗與動盪，衝激出第一代的臺灣人意識。而李登輝這一世代的青年，是日本帝國體制及其文化、西方啟蒙精神及共產主義潮流等各種思想碰撞混雜的集合，而他們被動參與了血腥的太平洋戰爭，戰後還來不及追索現代主義與帝國遺緒，來不及回問「我是誰，我要去哪裡？」就又遭到威權體制壓抑，沉默了十數年。百年來臺灣苦悶的歷史、困頓的思想，便是李登輝「被迫超越自己才能成為自己」的原因。

李登輝的人生哲學「我是不是我的我」，表面上說的是無私奉公的精神，但其實另一面也隱含了「我是哪一個我的我？」的終極探問。如同李登輝使用的四種語言（學術用英語、對親近的人用日語及臺語、公務用華語），他的人生混和了多歧的文化及認同，李登輝總是不代表李登輝，他終代表一個苦悶、複雜而又壯闊的時代。而從農業人的角度來看，李登輝直到晚年仍掛心於農地休耕問題，因而透過飼育源興牛的計畫，以俾增加雜糧及飼料作物的農地面積。如此對於土地的情感、對農業發展的理想，或許是他從一而終的信念吧。

學者李登輝一九七〇年代初期的英語著作

——用數據重探臺灣經濟發展

鄭紹鈺

臺灣大學外文系與經濟學研究所畢業，目前在哈佛大學經濟系與量化社會研究所擔任博士前研究，師從 Melissa Dell，研究興趣包含深度學習、自然語言處理、經濟史、經濟發展。

前總統李登輝有多個身分。他是臺灣民主之父，是臺日交流的推手，同時也是一位知名的農業專家。比較少人知道的是，李登輝也曾是在國際上相當有名的發展經濟學家，但是在國內較少人知道，其博士論文便以研究臺灣經濟發展為題。一九六八年的博士論文《臺灣經濟發展中部門之間資本的流通：一八九五—一九六〇》（*Intersectoral Capital Flows in the Economic Development of Taiwan, 1895–1960*），便是用臺灣的經濟數據，談發展經濟學的大議題。該博士論文一九七一年由康乃爾大學出版，雖是半世紀前的舊作，今日仍偶爾會看到海外學者引用。但可能由於李登輝談的多為農業，而大家想到臺灣戰後經濟發展，優先想到的大多是工業化、都市化等「非農」議題，於是今日回顧研究臺灣戰後經濟奇蹟的文獻，鮮少經濟學者將李登輝放入視野當中。實際上，李登輝既是知名的農業專家，也是值得我們再加以研究的發展經濟學家。

更少人知道的是，李登輝在一九七〇年代初期，曾發表好幾篇的英文著作，這些英文著作以臺灣發展為題，異於當時的主流說法，論證自成一格，以極其隱誨的形式，解構戰後經濟發展的神話故事。我在發表於農傳媒的〈Radical Insider——體制內的革命者：讀《永遠的農業人：李登輝與臺灣農業》〉一文當中，論及這些文章的激進意涵。本文則側重這幾篇學術論文，深入探討「學者」李登輝這幾篇文章的發展經濟學面向。

本文聚焦在李登輝發表在《經濟論文叢刊》前幾輯的文章。《經濟論文叢刊》由臺大經濟系主編，至今仍是國內最重要的經濟論文刊物。在《經濟論文叢刊》第一輯，李登輝刊出一篇英文文章，〈臺灣農業生產的成長過程與模式〉（Process and Pattern of Growth in Agricultural Production of Taiwan）。第二輯，李登輝一口氣刊出三篇文章，當中兩篇以英語寫作，第一篇是獨寫的〈稻米市場的政府干預〉（Government Interference in Rice Market），第二篇則是跟梁國樹合寫的〈臺灣的保護結構〉（The Structure of Protection in Taiwan），而在《經濟論文叢刊》第三輯，他與陳月娥合寫了〈臺灣農業的成長率，一九一一—一九七〇〉（該文也是英文寫成，英文題名為Growth Rates of Taiwan's Agriculture, 1911-1970），在《經濟論文叢刊》第四輯，又和梁國樹合寫了〈臺灣的經濟發展與過程〉（Process and Economic Development in Taiwan）。

不過，本文想提醒讀者的是，這些期刊發表，並不是李登輝最早的英語著作。李登輝長期任職於俗稱農復會或JCRR的「中國農村復興委員會」（Sino-American Joint Commission on Rural Reconstruction），這個單位由美國與中華民國共同派員組成，有內部流通的英語刊物，李登輝也常在內部刊物上撰寫英語報告，在底下我們也會看到，在農復會內部流通的英文刊物，也是李登輝一九七〇年代寫作的重要素材。

日治時期的經濟成長

李登輝的第一個關懷，是日治時期臺灣的經濟成長。

臺灣在日本殖民的時期，農業部門經歷巨大的轉型。一方面，臺灣的糖業透過總督府政府榨取式、強迫式的執行，以日本財閥（三菱、三井等）為主導，新式糖廠接連成立，大規模的蔗作普及在臺灣人口密集的地方，根據臺灣總督府殖產局於一九三九年出版的《臺灣的糖業》（臺灣の糖業），一九三九年農業產值的一六％來自蔗作，工業產值六〇％來自糖廠，出口總額八〇％來自蔗糖，全臺產業實收資本（Paid-in Capital）的八〇％為新式糖廠資本（見該書頁二二）。新式糖廠的產出占了臺灣工業產出和資本累積的絕大多數。

另一方面，隨著灌溉設施的普及、土地財產權的確立、廣納且鼓勵地方資本流通的現代金融制度的設立，臺灣以小地主、小農為主的米作經濟也非常熱絡，尤其是高度依賴肥料投入的蓬萊米，成為臺灣出口到日本的農作主力，在一九三〇年代取得「準日本米」的地位，臺灣農民的收入甚至追上了日本農民。有興趣深入理解這段過往的讀者，也可參考李登輝時常引用的著作，即川野重任的《臺灣米穀經濟論》。

但臺灣戰後改由國民黨政權統治，日治的話題變得敏感起來。儘管臺灣在日治時期經歷這樣大規模的轉變，在戰後一片歌頌中國歷史長河的文章當中，願意直率探討這段時期經濟轉型的研究並不多。李登輝是個例外。

李登輝在〈臺灣農業生產的成長過程與模式〉這篇文章中，利用計量模型估計臺灣日治初期以來到一九六〇年代的農業成長。該篇文章有幾個重點，第一，李登輝指出臺灣發展農業的局限，在於土地有限，地小人稠。第二，他強調灌溉的重要性，他發現臺灣灌溉的範圍，從一八九六至一九〇〇年的十七萬公頃，於一九六〇年代初期，已成長到五六．六萬公頃，又指出戰後的灌溉範圍並無明顯增長（頁三五）。這樣的論證有些拗口，但李登輝其實是很隱晦地說明：臺灣灌溉面積的擴張，來自日治時期的發展。

在這篇文章中，他還引用自己跟拉達（E.L Rada）一九六三年合寫的研究報告〈臺灣的灌溉投資〉（Irrigation Investment in Taiwan，出版於JCRR, *Economic Digest Series*, No.14, 1963）。這篇報告指出，臺灣一九六〇年的灌溉面積與作物複種指數（multiple cropping index）的相關係數，高達〇・八六（頁三六），換句話說，灌溉面積的增加，跟臺灣作物的產出增長最為相關。這篇文章也引用了李登輝在農復會的老長官謝森中的研究，以及日治時期重要的學術作品《臺灣米穀經濟論》的統計數據。而在文章結尾，李登輝甚至認為臺灣經驗，可以啟發當時東南亞的經濟發展：考慮到這些灌溉建設的乘數效果（the multiplier effects）如此之大，東南亞可以師法臺灣，由政府投入資本鼓勵建設灌溉設施。一九七〇年代，正是美國講求小政府的芝加哥學派極為鼎盛之時，許多美國主流學者並不認為政府有本事領導資本積累跟投資，李登輝卻以臺灣的經驗，提出一個相當不同的見解。考慮到臺灣的灌溉是在日治時期擴張的，李登輝在下筆提到這結論的時候，心裡想的也許是嘉南大圳。

除此之外，李登輝與陳月娥（Y. E. Chen）合寫了〈臺灣農業的成長率，一九一一—一九七〇〉，這篇文章計算了一九一〇年代到一九七〇年代的平均農業成長率，指出臺灣的農業成長，始於日治時期（而非戰後）的農業轉型，並整理大量的農業數據，提出這段時間以來農業部門的成長主要來自於生產力的提升，除此之外，他們也用數據驗證肥料投入於這段時間的成長，也引用李登輝在農復會底下寫成的許多技術報告。這也表示，如果要全面理解李登輝經濟思想的人，未來還須回訪李登輝當時在農復會撰寫的報告才行。

戰後工業化研究：剪刀差、進口替代與出口擴張

李登輝的第二個關懷則是臺灣戰後是怎麼進行工業化的。有關這方面，李登輝談的第一個議題則是戰後國民黨政權以「肥料換穀」對於農村的種種「剪刀差」剝削，究竟是否有利工業發展。

根據目前的發展經濟學研究，大部分發展中國家的

農民，普遍都有肥料投入不足的情況，算是目前發展經濟學的「共識」，所以許多研究便旨在探討政府如何透過補貼等政策工具獎勵施肥。然而臺灣戰後的情況卻相當不同。戰後中華民國政府反其道而行，肥料跟穀物反而成為政府重要的稅收來源，這便是李登輝發表多篇文章探討的「米穀政策」或「肥料換穀」政策。

戰後臺灣初期，與一般的發展中國家不同，在日治時期已經歷了農業的轉型，無論是蔗作，還是蓬萊米稻作，農民實施肥料已相對普遍。於是戰後國民黨政府的政策也跟一般發展中國家截然不同，反過頭來向農民使用肥料「徵稅」以補充自己的財政。也就是說，如果國民黨政權統治的是一個「正常」的發展中經濟，「補貼」肥料都來不及了，何德何能可以對肥料徵稅？尋常的發展中國家，根本沒有本錢讓國民黨政府實施長達數十年的肥料換穀跟田賦徵實等等的徵糧政策。

然而，戰後政府的研究或宣傳，總是認為「肥料換穀」等政策的用意是來以農養工，即榨取農村來發達工業，這種「剪刀差」的政策目的，為剝削農村提供政策正當性。但李登輝在〈稻米市場的政府干預〉這篇文章，很仔細地追查這些農業剩餘的分配流向，發現從農民身上取出的米糧或收入，大半輾轉流入了政府軍公教。這些榨取農業剩餘的政策，實則更接近「以農養公」，並非宣傳所稱的「以農養工」。

〈稻米市場的政府干預〉這篇文章，在投稿前，一九七一年曾先於馬尼拉一場名為稻米政策國際研討會（Rice Policy Conference）的「國家報告」上發表，該研討會當時由國際稻米研究所（International Rice Research Institute）舉辦。李登輝該篇文章應當是特別來分享臺灣經驗，但文章卻相當具批判性。

這篇文章提到，自從日本總督府於一九四二年介入米穀市場後，此般政府介入便一路維持到戰後一九七〇年代，戰後政府的米穀政策邏輯，是要徵購足夠多的稻米來提供給軍人與緊急動員下的民間所需，徵收來的糧食，優先發配給軍人、軍眷、公務員，或用來給予礦工和救濟。

根據李登輝統計，在戰後，約有五成流通於市場的稻米生產透過土地稅、田賦徵實、肥料換穀等方式徵購，不同方式的徵購額度，可以見於本文表A（原文的表1）。戰後初期，政府控制了近七成在市場流通的稻米，到一九七〇年降到約四成。如果考慮到所占糧食生產的比例（包含農家自己消費掉而沒流到市場上的部分），政府戰後初期約控了三成五的糧食生產，一九六九年降到了二二%（頁四七）。

而政府控制的糧食，根據李登輝整理的資料（本文表B，原文的表9），以一九五〇年為例，有六三%的稻米是發放給了軍公教，有二七%是外銷以換取外匯。而到一九六〇年代後期，許多原本用來外銷的米，則被轉來平穩物價（Market stabilization sale）。

李登輝因而總結到，這政策使得農家的米作，要以相當不划算的價格，交換給非農部門（比方說肥料換穀），這便是俗稱的剪刀差。表C（原文表4）提供了剪刀差的直接證據，政府的官方收購價格，大概是市場批發價格的六到八成，況且表C只考慮了直接收購的部分，上述提到，戰後政府還用上土地稅與肥料換穀等方式徵糧，加總起來，實際的剪刀差幅度，會比表C更強。

這樣的剪刀差構成一種無形的資本交換（invisible capital transfer），坦白說是一種農民與非農民的財富重分配。這種重分配的最大受益者，當然是非農部門，但究竟是哪個非農部門？李登輝沒有直接講白，但透過表格和數據，這些資本交換的流向，我們知道大多流向了軍公教階級。

除了肥料換穀等「剪刀差」議題，李登輝關注的第二個有關戰後工業化的議題，則是臺灣發展出口導向經濟的條件。李登輝開始對戰後的外貿有所著墨，或許與他在一九七〇年代的學術合作者梁國樹有關。

李登輝和梁國樹合著的第一篇文章〈臺灣的保護結構〉，起先發表在一九七〇年的研討會「半工業國家的發展策略」（Development Strategies in Semi-Industrial Countries），由國際復興開發銀行（International Bank for Reconstruction and Development）此一單位於華盛頓DC舉辦。兩人還特別感謝巴拉薩（Béla Balassa）教授，因為巴拉薩籌組了這個研討會並為這個研究案提供額外的經費支持，巴拉薩也對李登輝跟梁國樹這篇文章，提供許多方法論上的建議。

這篇文章統計居多，內容不長，但兩人全面整理了戰後的關稅資料，從數據上發現進口替代政策的名不符實。進口替代的支持者，常認為臺灣必須要先經歷一九五〇年代「進口替代」扶植幼稚產業後，方能見到後來一九六〇年代的「出口擴張」。兩人的文章並未直白地批判進口替代政策，但選擇讓數據說話。透過整理關稅，他們發現許多需要扶植或用來累積外匯的產業，並不怎麼被關稅保護，反而是水泥等純粹的內需產業，進口關稅極高。

根據表D（原文附錄整理的各行業關稅額度），當時正在積極發展的許多工業，像造船的平均關稅率才一%，摩托車製造業才三〇%，但許多民生消費品反而遭收了重稅：罐頭（六〇%）、非酒精飲料（七二%）、酒精飲料（近九三%）。值得注意的是，一些專供內需但官商雲集的產業，如水泥製品業，有近五五%的關稅。

因此，文章得出一個驚人的結論：許多出口產業並沒有得到保護，反而要被政府徵稅（頁八八）。這些出口產業，也包含了李登輝相當關心的臺灣農產品。除此之外，兩人也提及當時開設新工廠，仍然需要政府核準。文章雖然沒有直接分析到這塊，但如果我們仔細看看這些產業背後的經營者，便會明白所謂的「進口替代」的產業，不是臺灣當時有出口優勢的勞力密集產業，反倒是「政商關係密集」的產業。

除上述的文章之外，李登輝和梁國樹又合寫了另一篇文章〈臺灣的經濟發展與過程〉探討臺灣的工業化經驗。

該文進一步指出，除了臺灣戰後官僚跟美援這兩點常被提及的貢獻外，臺灣的發展，還有賴於臺灣高素質的勞動力，尤其戰後的文盲率從四四%於一九七〇年代降到低於一五%。除此之外，日本殖民時期的大量建設、農作的改良與肥料的普及、土地丈量、灌溉、農業基層組織，這些「殖民遺產」（colonial legacies）使得戰後的許多政策得以實現，包含戰後國民黨政權津津樂道的土地改革。兩人也提到，日治時期便存在的現代糖廠與戰

表 A（原文表 1） **政府的稻米徵收，臺灣 1950-1970**

單位：公噸（糙米）

年分	土地稅與強制徵收	以物易物(肥料換穀)	其他借貸	地價償還	總額
1950	155,408	227,947	4,358	0	387,713
1951	156,996	193,543	42,544	0	393,083
1952	144,022	260,026	24,740	0	428,788
1953	141,236	278,900	50,040	26,148	496,324
1954	140,029	286,991	114,618	12,301	553,939
1955	128,011	309,982	34,346	65,324	518,739
1956	132,439	322,524	36,539	28,283	519,785
1957	143,240	348,944	21,261	21,902	535,347
1958	145,241	339,269	19,077	41,254	544,841
1959	113,203	325,792	23,390	50,780	513,165
1960	134,061	293,102	22,66*	16,458	443,621
1961	127,226	364,925	48,660	32,076	572,887
1962	143,591	381,975	41,210	29,642	596,418
1963	130,515	376,385	45,033	13,568	565,501
1964	182,753	438,110	37,350	11,435	669,648
1965	196,839	396,972	49,905	9,750	653,466
1966	153,176	449,150	30,684	3,414	636,424
1967	198,667	439,611	23,371	2,935	664,584
1968	216,103	456,104	22,811	2,480	697,498
1969	152,210	328,472	20,952	5,261	506,895
1970	197,183	280,532	19,707	1,789	499,211

原表資料來源：Provincial Food Bureau, *Food Statistics Book*, 1950-1970 and Monthly Rice Accounting, 1950-1970.

* 編注：原表應為誤植，可能為 22626。

表 B（原文表 9） **政府的稻米發放，臺灣 1950-1970**

單位：公噸（糙米）

年分	總額	軍人配額	警察配額	軍屬	公務人員與教師配額	平穩物價	出口	其他額 *
1950	396,921	154,179	2,079	21,295	73,027	8,558	110,045	27,738
1951	402,912	199,612	1,903	8,093	67,718	5,038	103,334	16,277
1952	515,472	182,805	2,315	15,307	75,912	87,454	113,760	37,919
1953	445,859	199,113	1,962	26,750	83,498	90,000	41,216	3,320
1954	333,998	148,857	1,762	24,740	82,560	24,018	36,062	15,999
1955	514,856	159,351	1,341	28,755	87,789	43,143	169,834	24,643
1956	480,591	167,715	694	33,640	93,152	63,040	93,587	28,763
1957	542,894	157,898	3,485	32,947	96,852	62,055	161,648	28,009
1958	630,199	155,508	4,887	36,267	103,590	80,768	217,491	31,688
1959	612,815	140,905	1,939	37,635	112,024	106,845	177,849	35,618
1960	594,658	124,420	4,240	42,587	103,045	243,879	38,895	37,593
1961	537,970	123,040	3,385	41,444	104,825	151,806	72,222	41,248
1962	469,692	120,519	5,305	37,625	109,638	100,331	56,944	39,330
1963	622,855	129,151	2,874	39,885	112,486	129,413	173,289	35,757
1964	589,540	125,436	4,800	43,411	118,048	115,290	126,829	55,726
1965	777,858	126,771	4,822	46,575	122,659	141,823	293,988	41,220
1966	735,782	128,895	4,934	50,830	126,611	163,676	218,883	41,953
1967	692,343	123,584	3,793	55,217	128,248	198,442	127,404	55,655
1968	642,395	119,598	4,488	58,876	123,425	185,407	78,234	72,367
1969	409,135	121,867	4,596	61,132	103,500	28,697	30,930	58,413
1970	526,030	119,882	4,125	62,078	69,213	172,902	13,583	84,247

原表資料來源：Based on data provided by the Provincial Food Bureau

＊原表注釋：包含發放與販售給窮困者的部分

表 C（原文表 4） **每年官方收購與稻米的市場價格，臺灣 1951-1970**

年分	官方收購價（1）	市場批發價（2）*	（1）／（2）
1951	0.65	0.84	0.77
1952	0.86	1.36	0.63
1953	1.26	2.14	0.59
1954	1.46	1.87	0.78
1955	1.48	2.01	0.74
1956	1.56	2.18	0.72
1957	1.63	2.30	0.71
1958	1.76	2.39	0.74
1959	1.86	2.55	0.73
1960	2.18	3.63	0.60
1961	2.77	3.99	0.69
1962	2.88	3.75	0.77
1963	2.94	3.85	0.76
1964	3.00	3.98	0.75
1965	3.08	4.01	0.77
1966	3.15	4.07	0.77
1967	3.32	4.27	0.78
1968	3.54	4.45	0.80
1969	3.73	4.44	0.84
1970	3.96	4.84	0.82

原表資料來源：Joint Commission on Rural Reconstruction, *Rice Review*, January 1971, No. 56, Taipei, Taiwan

* 原表注釋：稻米批發價是從白米換算而來，比例參考為 0.726X0.90。

表D（原文附錄表1） **關稅率與名義保護率**

產業代碼	產業	關稅率		名義保護率	
		算術平均	加權平均	算術平均	加權平均
1	米	7.00	2.02	13.68	6.51
2	其他常見作物	24.60	37.66	34.99	57.82
3	甘蔗	60.00	60.00	90.00	90.00
4	加工用作物	41.55	36.63	63.38	56.05
5	各式園藝作物	50.80	57.46	76.75	86.32
6	養豬業	34.58	34.58	52.68	52.68
7	其他牲畜	21.62	27.87	34.74	43.69
8	林業	27.74	30.38	43.53	44.32
9	漁業	50.73	50.73	76.65	76.65
10	煤炭	21.96	20.60	35.22	33.26
11	金屬礦物	5.00	5.00	10.80	10.80
12	石油	28.75	28.75	45.00	45.00
13	天然氣	30.00	30.00	46.80	46.80
14	鹽業	50.00	50.00	75.60	75.60
15	非金屬礦物	25.33	19.85	40.07	32.18
16	糖業	82.50	92.50	122.40	136.78
17	罐頭食品	60.15	60.10	90.21	90.12
18	菸	100.00	100.00	147.60	147.60
19	酒精飲料	92.95	92.95	137.45	137.45
20	味精	60.00	78.45	90.00	116.56
21	麵粉	15.00	20.97	25.20	33.78
22	食用油	30.00	23.89	46.80	37.97
23	非酒精飲料	72.77	72.77	108.39	108.39
24	茶	99.27	99.27	146.55	146.55
25	各式食品	43.49	50.51	66.24	76.33
26	人造纖維	33.60	35.75	51.98	55.07
27	人造織品	75.46	75.46	112.26	112.26
28	棉織品	39.91	35.47	61.07	54.65
29	毛織品	59.50	59.58	89.28	89.38
30	各式織品以及服裝配件	59.71	74.07	89.69	110.26

31	木材	30.94	30.94	48.15	48.15
32	夾板	35.22	35.22	54.32	54.32
33	木製、竹製、藤製品	40.38	39.79	61.75	60.89
34	紙製品	26.06	37.42	41.13	57.48
35	印刷品	7.38	7.52	14.23	14.41
36	皮革製品	60.35	61.16	90.5	91.65
37	橡膠製品	30.32	33.65	42.27	52.03
38	化學肥料	9.90	9.74	17.85	17.61
39	藥品	24.50	25.17	38.87	39.84
40	塑膠製品	34.22	32.37	52.87	50.20
41	石油製品	33.45	42.92	51.77	65.37
42	非食用油	27.01	26.85	42.49	42.26
43	各式化工原料	37.16	24.13	57.11	38.32
44	各式化工產品	36.22	39.66	55.77	60.66
45	水泥	5.00	5.00	10.80	10.80
46	水泥製品	31.43	31.43	48.86	48.86
47	玻璃製品	54.83	55.54	82.55	83.58
48	各式非金屬礦物製品	38.73	37.85	59.36	58.10
49	鋼鐵	15.02	14.89	25.23	25.05
50	鋼鐵製品	29.70	24.53	46.36	38.93
51	鋁	28.87	26.89	45.17	42.32
52	鋁製品	38.59	38.59	59.17	59.17
53	各式金屬製品	27.53	28.43	43.24	44.54
54	機械	18.92	16.99	30.84	28.07
55	家用電器	43.00	43.00	65.52	65.52
56	通訊設備	17.45	17.55	28.73	28.88
57	其他電子設備	19.97	20.28	32.36	32.80
58	造船	1.29	1.96	5.45	6.42
59	摩托車	34.51	34.61	53.3	53.44
60	其他交通工具	13.90	15.00	23.61	25.21
61	各式產品	30.16	37.28	47.03	57.28

原表資料來源：Council for International Economic Cooperation and Development, 241 *Sectors of Taiwan Interindustry Transactions Table for 1966* (at Producer's Prices), the Foreign Exchange and Trade Commission, *Classification of Import and Export Commodities of the Republic of China*, 8 th ed., (Dec. 1969), and the Foreign Exchange and Trade Commission, *Classification of Import and Export Commodities of the Republic of China*, (March 1966).

時工業，讓臺灣在戰後發展初期，有著其他國家少見的工業發展基礎（詳見該文注腳11）。兩人更進一步指出，臺灣在日治時期已然發達的農業，以及戰後的美援，在戰後提供國家發展工業化所需的外匯與資金來源。臺灣在這樣的基礎下，開始積極參與國際貿易，而國際貿易帶來的競爭壓力，除了讓國內產業活潑起來，節制國內廠商的壟斷力量，也讓臺灣得以發揮出口產業的比較優勢。

綜上所述，李登輝對臺灣戰後工業化的關懷，不僅探討農業與非農的剪刀差議題，也與另一名經濟學者梁國樹，從統計數據觀察了臺灣戰後工業化的諸多面向，除了發現戰後關稅並未有利於發展國內幼稚產業，也談及臺灣推動外貿的條件。李登輝一如先前的研究，試圖以嚴謹的統計數據，將臺灣的歷史，重新帶回臺灣發展研究的視野裡：換句話說，臺灣有臺灣自身發展的條件。儘管這句話聽起來似乎是再自然不過，但對於當時處在此般政治環境的研究者來說，一切皆非理所當然。

循著李登輝的足跡

本文探討的李登輝英語著作的出版時間，橫跨了一九七〇到一九七三年，剛好是李登輝人生中一個極為戲劇化的時刻：李登輝一九六八年拿到博士後，回臺於臺灣大學任教，於一九六九年被警總連日拷問，後來得到王作榮等人推薦加入國民黨，一九七二年一下便成為了有史以來最年輕的政務委員。因為李登輝並無公布日記等更為隱私的資料，我們難以掌握在這段戲劇化的經歷當中，他的想法究竟為何。所幸李登輝也兼具學者的身分，透過深讀他這時期發表的作品，特別是這些較難以被審查、以英語寫成的學術論文，反而窺見李登輝當時的許多觀點，在知道他對於經濟發展政策的觀點後，就不會意外他在一九七〇年代為何努力廢除肥料換穀等的政策。

當然，要全面理解李登輝的思想，只讀這幾篇文章是不夠的，但這些英語著作，就像是李登輝留下的「麵包屑」一樣，作為後進的我們隨著這些「麵包屑」，或許能一路追蹤作為臺灣民主之父的李登輝，何以在他人生的不同階段，做出與別人相當不一樣的決定，未來由李登輝基金會推動的「李登輝紀念圖書館」如果設立了，吾輩便更有可能，尋著這些「麵包屑」構成的足跡，深入理解李登輝的思想。

臺灣經濟政策中的「李登輝難題」(Lee's Dilemmas)

林宗弘
中央研究院社會學研究所研究員、清華大學當代中國研究中心主任

李登輝政治滿分?經濟幾分?

一九八八年一月十三日，這一天是我十四歲生日，家中買了蛋糕準備慶祝，電視節目卻在晚上變成黑白的，反覆播放蔣經國總統過世與民眾痛哭的消息，然後是李登輝副總統宣誓就任總統典禮的昏黃影片。當年的攝影師似乎神智恍惚，影片不斷搖晃並拍到後排黨國大老們複雜的表情。這是驚人的一刻，沒人能確定這位臺籍繼承人能做多久，他卻開啟之後超過十二年的李登輝時代。

接下來十二年多的時光與我成年的歷程重疊，高中加入異議社團去了野百合學運，也在臺大校園學習成長，

參加民主運動與勞工運動，從沒有權利選總統、到首次有機會與所有選民投下一票（但從來不是投給他），相信當時作為學運分子追求民主的青年男女，對李登輝的認知與情緒經歷過許多轉折，就像「我是不是我的我」這句話一樣，面對他的遺產可說是五味雜陳。三十餘年後，在東亞諸國紛紛走向終身領袖的威權逆風裡，回首來看李登輝「民主先生」的評價，或許並未過譽。

大部分民意調查或學者應該會同意，李登輝對臺灣民主轉型有重要的貢獻，但他執政十二年多的經濟政策，究竟留下何種遺產？

受邀撰寫本文後，筆者相當後悔，因為跨越李登輝執政十二年的各種經濟政策與社會指標受很多因素影響，參加過政策研擬的閣員、部會幕僚、相關學者、立委與國會助理應該有上千人，有些仍活躍於政壇學界，政策實施績效也很不一致。我嘗試讀了一些評論，發現簡化李登輝時代並給予大好大壞評價的人，多是表達政治立場，很少有人認真回顧當時的決策背景與過程。

整體來說，大部分對李登輝時代經濟政策的評論都集中在「戒急用忍」，筆者同意這是李登輝總統任內晚期最重要的政治經濟決策，但這發生於一九九六年九月，忽略了他此前執政期間的經濟政策轉變。如果不想給這十二年簡單貼上標籤，就應該重新檢視這個時期各種經濟與社會政策的起源與影響。筆者認為李登輝時代各種複雜矛盾的經濟政策，反映臺灣政治經濟結構上的難題，或許可簡稱為「李登輝難題」（Lee's Dilemmas）。

重訪民主轉型的政治經濟學

本文將以民主轉型的「政治經濟學」角度，觀察李登輝時代經濟政策的發展。「政治經濟學」認為政治與經濟因素的互動不可分割，長期理性計算之下完美的經濟政策只是理論上的空想，決定制度變遷的因素是現實裡攸關政治利害的政策論述與資源分配。畢竟「長期來說，我們都死了」，對於驚濤駭浪中繼承威權強人大位的弱勢領袖如李登輝來說，更是如此。

最近，加拿大臺裔學者黃一莊（Joseph Wong）與東南亞研究專家史萊特（Dan Slater）合著了一本書：《從發展到民主：現代亞洲的鉅變》（*From Development to Democracy: The Transformations of Modern Asia*, 2022），由美國普林斯頓大學出版，對亞洲威權主義的民主化提出更整合的理論觀點。首先，他們認為政治經濟表現良好有助於民主轉型，但能否民主化仍須視統治者的決策而定；統治者的決策主要是追求可以穩定國內外局勢的政治聯盟，這個政治聯盟的存續，受到經濟表現、選舉表現、民眾抗爭與地緣政治的影響，統治者對這四種風險的反應決定了民主的命運。這本書提供一個不錯的政治經濟學架構，有助於重新審視李登輝時代的經濟政策。

簡化地說，李登輝時代的各種經濟政策，雖然也有經濟顧慮與論述，然而真正選擇推行某些政策，通常有助於暫時重建不穩定的政治聯盟。在歷史回顧中可以注意到三種導致聯盟重組的風險因子：後冷戰時代的經濟全球化與中國崛起、黨國面臨民主化下的派系鬥爭與政商結盟、本土公民社會抗爭所反映的分配不公，經常衝擊並改變李登輝時代的經濟決策，使其政策組合相當複雜且矛盾，筆者將這三個政治風險所造成的經濟政策矛盾稱為「李登輝難題」。

李登輝難題的三個時期

本文所稱經濟政策的範圍相當廣泛，筆者的做法是選定四類市場的依變量：商品貿易、資本、土地與勞動力，找出其中國家政策足以影響市場供需結構者，包括影響對外貿易、匯率、金融、政府投資（財政）、產業、交通、土地與勞動市場結構的重大改革政策，負責這些政策的部會甚多，跨過央行、經濟部、財政部、內政部、交通部、勞動部與教育部，以及後來的衛生福利部（原內政部衛生署），甚至超過國家發展委員會管理的範圍。受能力所限，我將選擇每個領域的一個政府重大措施，作為某時期的代表性政策，進行簡要的討論。

筆者認為，李登輝時代十二年多的經濟政策應該區分為「六年國建」、「亞太營運中心」與「戒急用忍」三個時期，剛好各約三至四年，當時的國民黨政府也有意識地建立內閣的政策口號，據此整合論述與政策。在臺灣戰後經濟發展史上，存在支持發展型國家與自由貿易政策的官僚派系，在這三個時期互有消長。[1]其次，我們可以發現在民主化的複雜過程下，每個時期政權都面對獨特、有時甚至與前後期相反之政治結盟的挑戰。我將本文所分三個經濟政策時期之貿易（匯率）、資本（產業、金融、交通）、土地與勞動市場（勞動、醫療與高教）比較的要點濃縮於表一，配合以下三小節，根據當時的政治背景、政策項目與論述，與李登輝時代的主要政策遺產進行說明。

腰斬的六年國建

第一個是「六年國建」時期，我使用這個詞來統稱從一九八八年一月到一九九三年二月，而非六年國建正式上路的一九九一年，其政治背景是李登輝採委任直選，在一九九〇年五月首次當選總統，並且與非主流派妥協，

1 Wu, Yongping. 2004. "Rethinking the Taiwanese Developmental State." *The China Quarterly* 177: 91-114.

表一 李登輝時代的三個經濟政策時期與重大決策

年度		1988-1992	1993-1996	1997-2000
項目	時期	郝柏村內閣 六年國建計畫	連戰內閣 亞太營運中心	蕭萬長內閣 戒急用忍
國際地緣政治	外貿	對美順差巔峰	對中貿易開放	西進變南向
	匯率	史上最大升值	臺幣穩定後貶	亞洲金融風暴
國內派系結盟	財政	國家投資擴張	國營事業民營化	國家投資減少
	產業	《促進產業升級條例》通過	台積電上市、南部科學園區動工、電信／電業開放	石油市場開放
	金融	開放銀行競爭	亞洲金融中心全面開放外資	建立存保制度
	交通	國道五號開工	航運與海運中心	臺灣高鐵開工
	土地	《農業發展條例》通過與大量徵地	土地徵收面積次高	《農業發展條例》修訂
公民社會關係	勞動	鎮壓勞工運動	擴大《勞基法》	籌備失業保險
	醫療	少數醫療改革	推動全民健保	災害防救
	教育	設立區域大學	開始籌備教改	高教擴張

於一九九〇年六月邀請郝柏村任行政院長，部分延續蔣經國時代的發展型國家政策提出「六年國建」計畫，軍公教與國營事業投資稍有擴張，此種延續擴大公共投資政策有助於鞏固威權時代的政治聯盟，同時郝柏村內閣對學運、勞工與環保運動採取保守壓制的態度，但是在三月學運之後民眾期待政治改革的氛圍下，李登輝也獲得本土派與在野勢力的合作，推動憲改並且廢除了萬年國會。

此時，國際背景則是冷戰結束與一九八九年六四事件，隨後東歐與蘇聯共黨瓦解，中國面對改革開放以來最嚴重的政治經濟風險，自顧不暇，中國因素還不至於嚴重影響臺灣政治走向。反之，東亞對美國貿易順差達到巔峰，在美方壓力下，臺幣有持續升值壓力，導致熱錢湧入，房地產與股市泡沫化，一九九〇年二月臺股指數達到一二六八二點後泡沫破裂，十月已經跌到二四八五點，隔年房價下跌景氣衰退、政府需要將資金引導到產業升級與開放的金融市場，[2] 並在一九九二年通過《就業服務法》開放引進外勞。在政治經濟思想（意識形態）上，國際學界轉向自由民主「歷史的終結」與芝加哥學派的新古典經濟學，在東歐與俄羅斯引進震撼療法，臺灣自由派的社會科學家則集結在澄社，提出了「解構黨國資本主義」的研究成果與經濟自由化的呼籲。[3]

在此國內外政治背景下，「六年國建」計畫時期的經濟政策或可分為兩個看似矛盾的部分，第一類是傳統「發展型國家」同時又是「黨國資本主義」恩庇體系下的大型公共投資項目，有些延續自俞國華內閣時期（一九八四至一九八九）宣布的「十四項建設」，例如南迴鐵路、北二高南延與臺北捷運等，另一些則是新增的建設如汐五高架（包括著名的十八標）、規劃東西向快速道路、汙水下水道、也包括汙水處理廠與二十一座焚化爐，這是政府徵收土地的高峰期之一，都市計畫變更成為地方派系金庫，[4] 且尚無《政府採購法》，如屏東縣長伍澤元在省住都局任內發包的八里焚化爐與汙水廠等許多重大弊案，在李登輝總統後期才被揭露。

此時期的第二類政策，與後冷戰時期因應全球化有關，是為了以獨立關稅區加入GATT（臺灣一九九〇年提出申請，在二〇〇一年通過已改稱為WTO），建立國家對民間與外資產業的開放規範，推動的系列政策——在金融業方面是一九八九年修《銀行法》，一九九一年開放十六家新銀行，在製造業方面則是在一九九〇年通過《獎勵參與投資條例》，將過去國家投資在少數戰略產業的獨斷做法，改為依據公開條件獎勵投資一整群產業，以至於在六年國建計畫裡，竟包括了十大新興工業與八大關鍵技術，如散彈打鳥。不過這些改變可以看出，相對於郝柏村內閣的國家直接投資思維，以國貿官員主導的國家間接管理民間投資的政策方向開始擴大，可說重演了過去主張大政府的蔣經國所屬意經濟部國營會人馬、與李國鼎ＫＴ派等美援官僚的政策分岐。

雖然六年國建時期的經濟政策有些矛盾，這個時期表面上結束於經濟議題，即民進黨杯葛議事不讓六年國建第三年相關預算通過，但也是結束於國民黨內主流與非主流的派系鬥爭，以及獨台會案後民眾與輿論對軍人干政的疑慮。一九九三年二月郝柏村辭職，此後經濟政策走向逐漸由第一類「發展型國家」轉變為第二類「因應全球化」，但在此時期除了黨外運動與學運提出國會改選獲得接納之外，公民社會如勞工運動、環保運動都遭到壓制，排除在經濟決策之外，使得福利國家的社會保障政策幾乎沒有進展。

亞太營運中心大逆轉

第二段是「亞太營運中心」時期，從一九九三年二月到一九九六年中，由連戰取代郝柏村組閣，宣布調整甚至取消了「六年國建」的部分大型公共投資項目。國內政治背景是一九九二年底國會全面改選、一九九四年起直轄市與省長直選，最終是一九九六年總統直選，連

2 關於臺灣外匯與金融發展的歷史與其批判，請參酌陳虹宇、吳聰敏、李怡庭、陳旭昇，《致富的特權：二十年來我們為央行政策付出的代價》（臺北市：春山出版，二〇二一）。

3 陳師孟等，《解構黨國資本主義：論台灣官營事業之民營化（第五版）》（臺北市：翰蘆圖書，一九九七）。

4 陳東升，《金權城市：地方派系、財團與臺北都會發展的社會學分析》（臺北：巨流圖書，一九九五）。

三波的民主化制度轉型與政治動員。從統治菁英的角度來看，從委任直選到一人一票選總統，會導致地方派系在選舉中的影響力擴大，公民社會與中產階級也能透過組織與輿論來影響選情，技術官僚與威權盟友的影響力則有所減弱。[5]

在地緣政治上，這個時期已逐漸進入「美中合作」發財的時期，一九九二年底柯林頓當選美國總統，在美國商界的遊說下，六四後對中國的貿易制裁被取消，最近孔誥烽教授的新書《帝國爭霸：從「中美國」到新冷戰》（*Clash of Empires: From 'Chimerica' to the 'New Cold War'*, 2022）一書詳述了此段歷史。一九九三年四月第一次辜汪會談，兩岸重啟協商與經貿交流的大門，臺商特別是勞力密集的中小企業大舉西進，另一方面，中英雙方正為香港九七權力移轉前的民主發展陷入爭議，香港作為東亞金融與轉運中心的人才與資金外流，臺灣財經官員遂有取代香港成為「亞太營運中心」的異想。

雖然事後來看，一九九〇年代臺灣的比較優勢仍為高科技業，不可能、也沒必要取代香港的亞洲金融中心地位，「亞太營運中心」仍影響公共政策的投資方向，包括六大目標：把臺灣建設成製造中心、金融中心、電信中心、海運轉運中心、航空轉運中心與媒體中心，製造中心主要是規劃新的科學園區，如南科在一九九五年動工，可能是其中最有意義的政策。金融中心促成全面開放外資進入臺灣股市，影響深遠，[6] 但臺灣金融業如銀行與農會等其實非常本土化。此時也修訂了《公營事業移轉民營條例》，為亞洲電信中心的發展策略，中華電信面臨公司化與民營化的衝擊，政府同時開放發電業並核准六輕動工，這一系列民營化政策開始擺脫公營事業主導發展型國家投資的模式，影響國營事業員工權益，引起中華電信、中油等大型工會抗爭的風潮。海運與空運產業方面，雖然政府成功推動港務與航務部門民營化，但港口與機場建設未達預期效益。至於最後一項亞洲媒體中心，主要成果是立法開放第四臺與開放無線電視（民視），但是在流行音樂或電影方面成效似乎有限。

隨著總統直選到來，政權存續要依賴公民社會與地方派系支持，因此這個時期國民黨政府一反前期壓制勞工的政策，大幅干預勞動市場，通過了《勞動基準法》擴大適用的修正案，建立了全民健保，實施社區總體營造，甚至開始研擬教育改革。當然，有的政策是為團結盟友，例如軍公教優惠退休方案（俗稱18趴）與大規模眷村改建。總之，整體來看此時期經濟策略與西歐國家的新中間路線比較接近，一面全球化（主要是國營事業民營化與金融市場自由化），一面擴大社會安全保障（全民健保與《勞基法》一體適用），政策目標包括順應美中合作，與本土財團或地方派系結盟，並且在中產階級與公民社會抗爭下擴大社會改革。

此時期經濟變革的動力主要來自總統直選，而總統直選最終改變了兩岸關係。一九九四年底人民幣大幅貶值四五％，中國大量吸引各國投資，逐漸影響東亞各國經濟，千島湖事件後兩岸關係開始急轉直下。一九九五年七月為抗議李登輝訪問美國，中國首次發射飛彈及軍事演習，一九九六年三月總統選舉期間，第二次發射飛彈及軍事演習；為了應對兩次演習，國軍高度戰備，美國也先後派出尼米茲號與獨立號航空母艦戰鬥群通過臺海周邊，在中共威嚇下臺灣股市大跌、房地產市場受衝擊，甚至引發一小波移民潮，迫使國安基金進場護盤，以至於李登輝在造勢晚會裡說出，「免驚，那是空包彈啦！」[7]

戒急用忍與兩國論

總統大選後為回應兩岸關係與國家安全顧慮下的資本西進風險，一九九六年八月，李登輝在國民大會答詢

5 蕭新煌編，《變遷中臺灣社會的中產階級》（臺北：巨流圖書，一九八九）。王振寰，《誰統治臺灣：轉型中的國家機器與權力結構》（臺北：巨流圖書，一九九六）。

6 陳彥廷，《從亞太營運中心到護國神山：臺灣產業政策之演變與評析》（臺北市：元華文創，二〇二二）。

7 James R. Lilley & Chuck Downs 著，張同瑩、馬勵、張定綺譯，《臺灣有沒有明天？──臺海危機美中台關係揭密》（臺北市：先覺出版，一九九九）。

時說「以中國大陸為腹地建設亞太營運中心的論調必須加以檢討」，同年九月提出「戒急用忍」主張，之後明確界定為：「高科技、五千萬美金以上、基礎建設」三種投資應對大陸「戒急用忍」，以免掏空臺灣科技與資金。一九九六年中到二〇〇〇年五月政黨輪替之間的「戒急用忍」時期，除了嚴格管控資金西進外、還推行南向政策，也延遲了三通相關政策規畫，確實造成臺灣對中國大陸投資金額與比例，在此期間明顯減少。

隨後，李登輝在一九九六年十二月召開國家發展會議，討論「健全憲政體制」、「加速經濟發展」及「增進兩岸關係」三大議題，重大決議為省虛級化，加速公營事業民營化（後來只做到釋股過半），主張兩岸關係定位為「一個國家，兩個對等實體」，臺灣為中國之「境外轉運中心」。一九九七年中司法院大法官會議解釋連戰副總統兼行政院長有憲政疑慮，八月改由蕭萬長接任閣揆，也是第一位臺灣出生的行政院長，官方說法上這是「亞太營運中心」的第二期，有些重大成果例如推動臺灣高鐵BOT且正式開工，開放民間電信業者與六輕加入石油市場，以及一九九八年五月官方教改政策上路等，但在德國拜耳集團在臺中縣建廠計畫因環保爭議撤資、與國際局勢大變之下，金融、海空運與媒體中心等政策縮水，日後的社會記憶僅存「戒急用忍」。

此期間國際危機不斷。在製造業轉移到中國的同時，不少亞洲國家持續借錢建設、外債高築，各國金融與房地產開始泡沫化。一九九七年七一香港主權移交給中國，為了營造繁榮景象，中資大量進入香港，然而就在隔天，泰國因外資流出宣布棄守匯率，當天泰銖兌美元匯率暴跌一七%。隨後菲律賓比索成為國際炒家攻擊對象。八月，馬來西亞放棄保衛匯率，新加坡元也受到衝擊，印尼盾暴跌最為嚴重。十月下旬，國際炒家移師香港，攻擊港元與美金聯繫匯率，[8] 香港恒生指數大跌，房地產市場跳水，後來數年內跌幅近七成。與此同時，臺灣央行則難能可貴地放貶新臺幣，十一月中旬，韓國也爆發金融風暴，到一九九八年甚至影響日圓匯率。這一次全球事件被稱為「亞洲金融風暴」。[9] 後來攻擊李登輝「戒急用忍」（包括連戰之回憶錄）的說法，通常是呼應中共對臺統戰的兩岸經貿開放或新自由主義論點，很少顧慮這個時期前有飛彈危機、後有金融風暴的歷史脈絡。

相對於當時債臺高築、外匯見底的印尼與韓國等，被迫接受ＩＭＦ等國際組織的貸款協議，國際評論認為臺灣算是從亞洲金融風暴全身而退，除了央行與國發基金短期應對有方之外，臺灣從一九九五年起受到兩岸關係緊張影響，股市與房地產泡沫含量甚低，對資本西進「掏空臺灣」的警戒態度較高，有點因禍得福，但說「全身而退」則是低估臺灣資金外移的受創程度。一九九六年十二月，工運領袖曾茂興率關廠工人在桃園臥軌抗爭，隨後多起惡性倒閉顯示資方西進中國、債留臺灣的情勢惡化，[10] 一九九八年國內也有金融風暴，包括東隆五金、禾豐集團、國揚實業、臺中企銀、順大裕等多檔上市櫃公司跳票、下市，失業率開始攀升，以至於政府必須在一九九九年擴大存款保險並開辦勞保失業給付。

至於國家發展會議談到「增進兩岸關係」，主要涉及一九九八年十月第二次辜汪會談的緩兵之計，此後在第三次會談（破局）前，一九九九年七月李登輝總統接受《德國之聲》訪談，提出「特殊國與國關係」（兩國論），使兩岸官方交流再次中斷，[11] 隨之九二一震災發生，內閣要員有大半年時間在救災、規劃重建與拚選舉，直到政黨輪替。[12]

8 香港聯繫匯率制度，是一九八三年十月十七日香港由於英鎊與港幣出現信心危機而開始實施的匯率制度，以百分百外匯儲備保證，維持七・七五至七・八五港元兌一美元的匯率。

9 長谷川慶太郎著，汪仲譯，《亞洲金融風暴——世紀末經濟危機》（臺北市：時報出版，一九九八）。

10 何明修，《四海仗義：曾茂興的工運傳奇》（臺北市：臺灣勞工陣線，二〇〇八）。

11 最近張榮豐先生受訪的說法請參考：鍾麗華，〈談「兩國論」來龍去脈 張榮豐揭密與美國溝通過程〉，《自由時報》，二〇二一年九月十日。

12 對九二一震災的回顧請參考林宗弘、劉季宇、陳亮全主編，《巨震創生：九二一震災的風險分析與制度韌性》（臺北市：國立臺灣大學出版中心，二〇二二）。

李登輝難題：國際局勢、政治結盟與民意基礎的三重矛盾與風險

綜整李登輝時代的政治經濟學之後，可以發現前述有關貿易（無論是全球或兩岸）、資本、土地或勞動市場的國家干預或不干預，雖然有其經濟顧慮，卻是在明顯的政治風險影響下所做的決策，且對於特定部門或階層，通常有明確的利害影響。有三類政治風險——有時是臺灣整體的國安風險、也是李登輝個人的風險：地緣政治特別是美中關係與兩岸關係，國內威權政治盟友的維繫與重組，公民社會的抗爭所反映的選民對福利政策的偏好，影響了李登輝時代的各種經濟與社會政策。這些彼此矛盾的經濟與社會政策，都是在特定政治經濟脈絡下面臨風險導致的決定。有人說李登輝時代的經濟政策是自由化或圖利財團，卻完全無法解釋眷村改建、全民健保或戒急用忍等「反市場」政策是怎麼回事。反之，從民主化過程裡弱勢領袖的求生策略來看，絕大多數應對風險的政策，都變得很合理。然而，在該時期的機會之窗過後，經濟與社會改革就會逐漸制度化，塑造日後的市場結構，形成制度的「路徑依賴」，迄今仍有很大影響。

本文梳理了李登輝總統任內十二年多的經濟政策，主要可以分為三個時期：「六年國建」時期有兩類矛盾政策，傳統的擴大公共投資，與面對經貿開放的自由化政策，後來李郝兩派在政治上不歡而散；這不表示發展型國家已經完全消失，只是緩慢退縮；一九九三年起的「亞太營運中心」時期與總統直選過程重疊，原有六大目標是因應全球（兩岸）貿易與資本自由化的基礎工程，但只有製造業增加科學園區的政策比較有效，在選舉壓力下政府也開始回應公民社會訴求而出現勞動與社會政策改革；一九九六年後的「戒急用忍」時期，由於國安風險壓制貿易與投資西進，意外迴避了亞洲金融風暴的影響，但是也在國內金融風暴、關廠失業浪潮與巨大震災等衝擊下，進行了對應的社會政策改革。

在李登輝時代十二年裡主要經濟指標所呈現的政策績效方面，我們可以先看實質經濟成長率與失業率。六年國建、亞太營運中心與戒急用忍三期的經濟成長率分別是一〇．四五％、八．四三％、五．九六％；陳水扁

時期是三．四六％、馬英九總統時期是二．八五％、蔡英文總統前六年是四．一六％；李登輝時代三期的平均失業率分別是一．五六％、一．八五％、二．七八％；陳水扁時期是四．二六％、馬英九時期是四．四七％、蔡英文前六年是三．八二％。基本上，李登輝時代經濟表現優異，此後兩岸經貿愈開放、國家公共投資愈少的時期，臺灣經濟成長動能就愈差。

後來的總統們如何面對「李登輝難題」？

如果說回顧這十二年多的政策，要對未來的我們有所啟發，應該是李登輝面對的三個難題：地緣政治與國際貿易、國內經濟發展與盟友維繫、公民社會抗爭與社會保護政策，「李登輝難題」是這三組壓力所造成的政策矛盾，從此始終困擾著每一任總統，回顧後來三任總統的執政經驗，有點像是用二十四年的時間，把過去李登輝時代十二年的政策組合，照順序重複玩了一回。

二〇〇〇年起，陳水扁從「戒急用忍」政策末期的經濟衰退中，成立經濟發展諮詢委員會，一方面改採「積極開放、有效管理」使兩岸經貿自由化、另一方面延續發展型國家的「兩兆雙星」政策，[13]但是在全球化時期，政府經濟規模與能力有所退縮，減稅或補貼等產業政策效益弱化，發展型國家成效有限，臺灣資金持續擴大西進造成失業問題，也迫使政府進行許多勞動與社會改革。

二〇〇八年起，馬英九時期回到「亞太營運中心」的想像，開放三通又簽訂ＥＣＦＡ，兩岸經貿擴張造成少數臺商與產業賺錢但侵蝕國家主權與民主，在全球金融海嘯裡受害的中小企業與青年世代，情況卻持續惡化，最後公民社會不滿而以太陽化運動的方式爆發出來，改變了兩岸關係與國內政局。[14]

13 政府在二〇〇二年提出「兩兆雙星」計畫，「兩兆」指的是預期產值分別超過兆元的「半導體」產業及「影像顯示」產業，「雙星」則指「數位內容」產業（包括軟體、電子遊戲、媒體、出版、音樂、動畫、網路服務等領域）及「生物技術」產業。

14 陳水扁到馬英九政府的相關政策分析請參考李宗榮、林宗弘主編，《未竟的奇蹟：轉型中的臺灣經濟與社會》（南港：中央研究院社會學研究所，二〇一七）。

二〇一六年後，作為「兩國論」的參與者之一，蔡英文重返「戒急用忍」時期的政策組合，此時地緣政治已從「美中合作」走向新冷戰，國際處境大有改善，另一方面，國內政治結盟相當不穩定，年金改革與勞動改革影響泛藍選民遭到反彈，為回應青年世代與貧富差距有擴大福利國家的趨勢，更重要的威脅是，與李登輝時代相比，兩岸經濟與軍事實力對比日益向中國傾斜，在地緣政治鉅變下，與中國脫鉤仍有經濟損失、要提高稅收擴大社會福利、想延長兵役鞏固國防、既要產業升級又要能源轉型，樣樣都是艱難的決定。總之，臺灣未來有關經濟政策的公共辯論與政治決策，並未擺脫「李登輝難題」。

「李登輝難題」就像他所喜愛的浮士德故事，臺灣政治領袖的收穫總是跟著遲早要付出的代價。李登輝留下不少膾炙人口卻矛盾的語錄，反映臺灣政治菁英必須在強權、黨派與公民社會互動及福利分配上進行許多艱難的決策，例如位於強權之間「場所（生為臺灣人）的悲哀」，面對公民社會抗爭與民主轉型的「民之所欲、長在我心」，以及身分認同多次變遷「我是『不是』我的我」等等。

鑒往知來，本文只能拋磚引玉，希望能說服讀者，李登輝任期內是臺灣經濟與社會轉型的關鍵時代，兩岸關係、高教擴張、對外經貿、產業升級、財政金融、福利國家或土地政策，每個議題都影響我們的現況與未來，不該被汙名化或過度美化，而是值得深入研究的「李登輝難題」。

春山文藝

李登輝
100年
大事記

李登輝大事記

年表參考資料：《李登輝總統照片集》、《李登輝總統訪談錄》、《永遠的農業人》

六歲入汐止公學校，與哥哥李登欽（左）合影。（李登輝基金會授權）

1923年
1月15日 出生於淡水郡三芝庄埔坪村源興居，父親為李金龍，母親為江綿。

1929年
汐止公學校入學，後因父親工作陸續轉學至南港、三芝與淡水公學校。

1935年
淡水公學校畢業，進入高等科就讀。

一九四一年，就讀臺北高等學校一年級。據《李登輝總統照片集》說明，領子上的L，是Literature，表示為文科生。理科生的領子則為S，Science之意。（李登輝基金會授權）

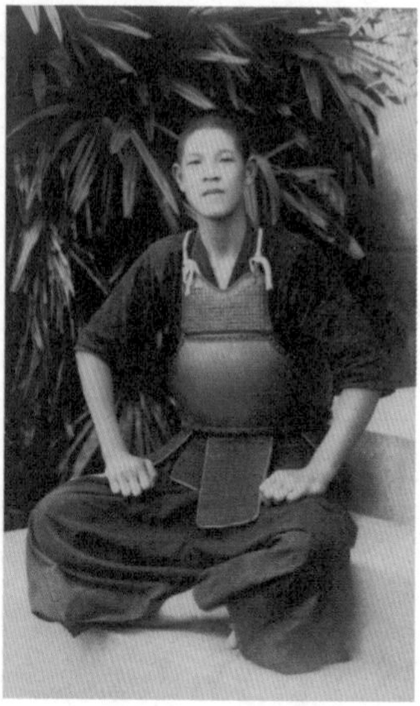

李登輝在淡水中學時開始學劍道，並且入選學校的劍道隊。國史館出版的《李登輝總統照片集》說明，李登輝的成績單注記著他二年級與四年級都有加入劍道隊，程度為二級。（李登輝基金會授權）

與大哥李登欽（左）合影。當時李登輝為高校三年級學生，李登欽是警察學校學生。根據《李登輝總統訪談錄》，李登輝對哥哥的情感很深，他說自己一世人受到大哥很大的影響，哥哥從小音樂就很厲害，會彈鋼琴、風琴，吹喇叭，也會打網球。李家改日本姓岩里，也是李登欽取的。二戰時李登欽自願加入陸戰隊，兩兄弟在高雄曾拍下最後一張合影。李登欽最終在馬尼拉灣遭美軍射殺，屍骨也無返鄉。李登輝對哥哥的感情，可以理解他為何在二〇〇七年不顧輿論批平，堅持要去靖國神社參拜。（李登輝基金會授權）

1927年 臺北國民中學入學，次年轉學至淡水中學。

1941年 臺北高等學校入學

1943年
10月 日本京都帝國大學農學部農林經濟科就讀

1944年
2月 因「學徒出陣」，受徵召入伍，為高射炮兵。

1945年
2月15日 哥哥李登欽於菲律賓馬尼拉灣遭美軍打了十幾槍而死
3月10日 美軍對東京大空襲，也遭受波及受傷。
8月15日 日本宣布投降時被分發到名古屋

1946年
4月1日 戰後返回臺灣，並入臺灣大學農業經濟系就讀。
5月28日 母親江錦因子宮癌過世，得年四十六歲。
10月 與何既明、林如堉、劉甲一在臺北車站附近開書店

李家四代一九四三年在三芝智成廟的合照，李登輝高等學校畢業不久，即將去日本京都帝國大學讀書之前。據李登輝在《李登輝總統訪談錄》所說，自己是不會說客家話的客家人，爸爸媽媽也不會說，只說福佬話。但家中習俗仍照客家傳統。照片前排右起分別為，父親李金龍、祖父李財生、大哥李登欽的女兒李美智、母親江錦、李登欽的妻子和兒子李憲明，後排右起為李登輝、大哥李登欽。（李登輝基金會授權）

一九四三年，高等學校畢業即將去日本京都讀書的李登輝（前排右一），與淡水公學校的朋友回母校合影。（李登輝基金會授權）

一九四三年，就讀京都帝國大學農學部農林經濟科一年級。據《李登輝總統照片集》說明，這張照片是應父親要求拍攝的，要給世交曾家，讓曾文惠看成年後的李登輝。李登輝入學才讀半年，就因學徒出陣被徵召，戰後曾重返京都帝大，但幾經思考決定返鄉。戰後超過半年，一九四六年三月底才在浦賀港搭到船。（李登輝基金會授權）

1947年

2月28日 二二八事件

7月 住進普羅寮，與林如堉等人成立「新民主同志會」。

10月 加入中國共產黨

1948年

5月10日 國民政府公布施行《動員戡亂時期臨時條款》

6月 退出共產黨，自臺大畢業，任農學院助教。

10月 因林如堉遭捕，至蟾蜍山腳的蠶絲改良場躲藏兩週。

1949年

2月9日 與曾文惠結婚

5月19日 臺灣省政府、臺灣省警備總司令部宣告自二十日起全省戒嚴

12月 中華民國中央政府遷至臺灣

1950年

6月 韓戰爆發，美軍第七艦隊協防臺海。

9月3日 長子李憲文出生

1952年

1月1日 長女李安娜出生

3月 獲中美基金獎學金，赴美國愛荷華大學研究所留學。

一九四六年，臺大農業經濟系師生合影。李登輝在《李登輝總統訪談錄》中提到，整個農經系只有他和陳界（後排左二，李登輝為後排左一）兩個學生。農經系只有一位日籍教授奧田彧（前排右三）留用。前排右四為王益滔教授，後排右三為李添春教授，右二為羅啟源教授。（李登輝基金會授權）

一九四九年二月在擔任臺大農經系助教期間，與曾文惠結婚。（李登輝基金會授權）

一九四七年，就讀臺大農業經濟系。據《李登輝總統照片集》說明，上面的 Ritunhui，Ri 為日文拼法，tunhui 也顯現李登輝還不熟中文發音，為日文與中文的混合體。在《李登輝總統訪談錄》，李登輝也提及剛回到臺灣時，必須要重新學北京話，在學校上課如果遇到中國來的老師，因為小時候學過漢文，還可以看黑板照抄，但學校自治會開會時，擔任主席的他，還是得要說日語，並由同學幫忙翻譯。中文不好的情況一直延續到農林廳任職階段，還請人幫忙寫稿。這一年的李登輝目睹二二八事件，住進普羅寮，加入共產黨，雖然不到一年就退出，但一九四八年仍因認識的青年陸續被捕，而躲在公館的蠶絲改良場。李登輝後來說，經常想不透為什麼他沒有被抓，有二、三十年的時間晚上沒辦法睡好，直到一九六九年被警總帶去問訊。（李登輝基金會授權）

1953年 4月 自美返臺，任臺灣省農林廳技士及經濟分析股股長，兼任臺大農經系講師。

1954年 6月9日 次女李安妮出生

1955年 至合作金庫工作

1957年 7月 任中國農村復興聯合委員會（農復會）技士，兼臺大副教授。

1961年 受洗為基督徒

1965年 9月 獲美國洛克斐勒農業經濟協會與康乃爾大學聯合獎學金，赴康乃爾大學進修博士。

1968年 7月1日 以《臺灣經濟發展中部門之間資本的流通：一八九五－一九六〇》獲博士學位，返臺後任農復會技正。

1969年 6月 遭警總約談十七小時後返家，後訊問持續一週，拿到一張自新證。

在愛荷華大學聯合餐廳。一九五〇年開始，李登輝考了三遍留學考試，總算在一九五一年獲得錄取。他說，愛荷華大學雖然是一所鄉下學校，但經濟學、計量經濟學都很強，不輸給哈佛與芝加哥大學。當時因為出國受農林廳長徐慶鐘保證，所以回國後就進農林廳工作。（李登輝基金會授權）

一九五七年進農復會工作，李登輝說，他在農復會的時間很長，一直到他在行政院當任務委員都還兼任顧問，一九七八年擔任臺北市長才離開，超過二十年。（李登輝基金會授權）

一九五八年的全家合影。前排右起為長女李安娜、次女李安妮與長子李憲文。（李登輝基金會授權）

一九六八年獲康乃爾大學博士後，返臺前與妻子曾文惠至以色列臺拉維夫旅遊。（李登輝基金會授權）

1969年（續）

8月 博士論文獲美國農業經濟學會選為年度最佳論文

1971年

10月 加入國民黨

博士論文於康乃爾大學出版

10月25日 中華民國政府退出聯合國

1972年

6月 出任行政院政務委員兼農復會顧問

1973年

1月 實施二十二年的肥料換穀政策公告廢除

1975年

4月5日 蔣介石過世，副總統嚴家淦繼任總統。

1976年

11月 當選國民黨第十一屆中央委員

1978年

5月20日 蔣經國就任第六任中華民國總統

6月9日 任臺北市長

8月21日 臺北市政府與國防部合作運用眷村土地試辦興建國民住宅

一九七四年一月，時任行政院長的蔣經國幫一月員工壽星慶生，留下這張有趣的照片。李登輝正是一月壽星。李登輝在《李登輝總統訪談錄》中說，自己是當時吹臺青政策下進入行政院的，他在政務委員六年期間最重要的就是負責加速農村建設的計畫，包括廢除肥料換穀制度。（國史館藏）

一九七五年在南投集集慈德寺。李登輝說，蔣經國巡訪時最常帶他跟周書楷（右二）這兩位政務委員陪同，右一為南投縣長劉裕猷。（國史館藏）

李登輝在《李登輝總統訪談錄》中說，一九七八年六月調任為臺北市長時，是時任行政院長孫運璿（左）打電話告訴他的。有意思的是，一九八四年李登輝在國民黨二中全會上被提名為副總統人選，也是孫運璿當天在現場告訴他的。圖為孫運璿至臺北市長就職當天，孫運璿至臺北市長辦公室拜訪。（李登輝基金會授權）

12月15日 美國總統卡特宣布美國與中國將於隔年一月一日建交

1979年

1月10日 行政院通過臺北翡翠水庫興建計畫

12月10日 美麗島事件

12月14日 當選國民黨中常委

1980年

7月21日 臺北市迪化汙水處理廠竣工，為臺灣首座汙水處理廠。

1981年

12月5日 宣誓就任臺灣省政府主席

1982年

2月10日 臺北地區防洪計畫之二重疏洪道，正式開工。

5月19日 倡導八萬農戶為農業建設大軍，次年七月展開訓練工作。

3月21日 長子李憲文因鼻咽癌過世

1983年

1月 出版《臺灣農業經濟論文集》三冊

7月23日 至瑞三煤礦巡視

一九八〇年七月參加臺北體育季路跑活動，展現不同形象的李登輝市長。李登輝曾說，市長與政務委員不一樣，市長面對的是市民、議會，不是只有上面的決策問題。（李登輝基金會授權）

李登輝上任市長後，對都市計畫相當在意，第一件事就是買岩波出版的十二本《現代都市政策》，他尤其參考大阪來規劃臺北市。李登輝和國防部陸續合作眷村土地改建，興建兩萬三千戶國民住宅。圖為一九八〇年七月十八日，與陸軍總司令郝柏村簽約，將成功新村改建。李郝的合作與分裂一直持續到九〇年代。（李登輝基金會授權）

一九八三年七月二十三日。已就任省政府主席的李登輝來到瑞芳的瑞三礦業瞭解礦工工作情形，並進入礦坑操作採煤的鑿煤機，這張照片也有留在目前的礦工博物館。隔年臺灣連續發生三次嚴重礦災，煤礦產業也開始轉為衰弱。（李登輝基金會授權）

1984年

推動實施稻米生產及稻田轉作六年計畫

2月15日 獲國民黨第十二屆二中全會通過提名為副總統候選人，三月二十二日當選，五月二十日就職。

6月至12月 三次重大礦災（土城海山煤礦、三峽海山一坑、瑞芳煤山煤礦）造成至少二七七人死亡

1986年

9月28日 民主進步黨成立

1987年

7月15日 戒嚴令解除，放寬外匯管制。

8月13日 行政院決議自當年第二期開始停徵田賦

11月2日 開放民眾至中國探親

1988年

1月1日 開放報禁，准許新報紙登記。

1月13日 蔣經國於下午三點五十分心跳停止，晚間八點八分依憲法規定，以副總統身分宣誓繼任中華民國第七任總統。

1月27日 國民黨中常會通過接任代理主席

3月27日 與被禁錮許久的張學良在官邸見面，當年耶誕節也邀請張學良夫婦一起做家庭禮拜。

一九八四年三月二十二日。李登輝當選副總統的當天，蔣經國特地前往其位於大安路的寓所致賀，左為曾文惠。五月二十日就任沒多久，六月十日週日中午，蔣經國特地邀請李登輝夫婦、行政院長俞國華夫婦、總統府祕書長沈昌煥夫婦到七海官邸吃飯，吃的是圓山飯店的牛排。對李登輝來說，蔣經國似乎在一些小地方顯現對他的重視。（國史館藏）

一九八八年一月十三日晚上八點八分李登輝宣誓繼任總統，說自己毫無班底的李登輝，開始面臨國民黨內的壓力，一些人以為他只會做完蔣經國剩下的任期。（國史館藏）

告別蔣經國。一九八八年一月十三日蔣經國過世，李登輝在《李登輝總統訪談錄》提到，當天下午他還在總統府接見外賓，等到趕過去四點多時，蔣經國已離世。他也提到蔣經國過世後的十三天，他天天都去靈前祭拜。（國史館藏）

一九八八年四月二十二日，李登輝夫婦到七海官邸探訪蔣方良。（國史館藏）

一九八八年七月五日，李登輝前往林口體育館巡視三天後將舉行的國民黨十三屆全國代表大會會場，經過了一月二十七日被選為代理黨主席，李登輝在七月八日正式成為國民黨主席。（國史館藏）

5月20日　農民五二〇運動爆發流血衝突

7月8日　國民黨十三全大會選為黨主席

1989年

1月26日　立法院通過《第一屆資深中央民意代表自願退職條例》，二月三日經總統公布實施。

5月1日　亞洲開發銀行二十二屆年會於中國北京召開，財政部長郭婉容率團出席。

5月5日　民主進步黨正式向內政部登記為合法政黨

6月4日　中國發生天安門事件

7月1日　農民健保實施

1990年

1月10日　以臺澎金馬關稅領域申請加入GATT

3月16日　學生於中正紀念堂靜坐，發起野百合運動，要求解散國民大會、廢除臨時條款、召開國是會議與擬訂政治經濟改革時間表。

3月21日　當選中華民國第八任總統，下午與五十三位學生代表會面，承諾召開國是會議。隔日學生撤離中正紀念堂。

5月20日　就任總統，特赦呂秀蓮、陳菊等二十人。

一九八八年十二月二十四日耶誕夜。被國民黨軟禁多年的張學良，在蔣經國過世後，三月二十七日與李登輝在官邸見面，李登輝邀請張學良夫婦耶誕夜一起做家庭禮拜。隨著蔣經國的過世，時代產生劇烈的變化。（國史館藏）

一九九〇年三月二十一日。李登輝自己的第一個總統任期一開始就遇到野百合運動，當選當天下午與在中正紀念堂廣場已一週的五十三位學生代表在總統府見面，無論是回應社會的民主浪潮要求，還是李登輝自己內心也有時間表，九〇年代的臺灣啟動了連串的修憲與政治改造工程，更加以臺灣為本體，且以臺灣的經濟繁榮成果，企圖重返國際。圖為學生代表范雲（右一）。（中央社）

一九九〇年發生在中正紀念堂的三月學運，是國民黨來臺以來未見的學運，對幾十年未曾改選的立委與國民代表，造成根本性的質疑與挑戰。（劉振祥攝）

1990年（續）

6月1日 郝柏村任行政院長

6月28日 為期六天的國是會議召開，達成總統應由人民直選的朝野共識。

7月 與沙烏地阿拉伯斷交

1991年

1月28日 行政院大陸委員會成立

3月4日 於總統府接見二二八受難者家屬

3月9日 海峽交流基金會成立

4月22日 第一屆國民大會第二次臨時會三讀通過《中華民國憲法》增修條文，並廢止《動員戡亂時期臨時條款》，完成第一階段修憲。

4月30日 宣布動員戡亂時期於五月一日零時終止

5月9日 獨台會案，調查局進入清華大學逮捕研究生廖偉程，並陸續逮捕陳正然、王秀惠、Masao Nikar（漢名林銀福）與Cegau Drululan（漢名安正光），引爆廢除《刑法》一百條運動。

6月 立法院通過「重返聯合國」建議案

7月1日 六年國建開始實施

8月29日 以「中華臺北」申請加入亞太經合會（APEC）

12月16日 第一屆中央民意代表全數退職

12月21日 第二屆國民大會全面改選，國民黨獲四分之三席次。

1992年

2月22日 行政院研究二二八事件小組《二二八事件研究報告》出爐

5月15日 立法院三讀通過《刑法》一百條修正案，排除思想叛亂入罪。

5月27日 第二屆國民大會第一次臨時會完成第二階段修憲，包括正副總統任期由九年縮短為四年，恢復憲法只能連任一次，且由中華民國自由地區全體人民選舉產生，臺灣省政府改置省長，並由選民選舉。

7月16日 立法院三讀通過《臺灣地區與大陸地區人民關係條例》

8月1日 《國家安全法》修正，大幅解除黑名單，裁撤警備總部。

8月24日 與南韓斷交

9月29日 GATT受理申請臺灣入會案，同時取得GATT理事會議觀察員資格。

10月26日 海基會法律服務處處長許惠祐、海協會諮詢部副主任周寧舉行香港會談，後續衍生九二共識爭議至今。

11月7日 《金馬地區安全維護暨輔導條例》生效，金馬廢止戰地政務。

一九九一年五月九日的獨台會案引發了廢除《刑法》一百條關於內亂罪的運動，顯現戒嚴後的臺灣在很多層面都還需要持續民主化，這波運動中，首先廢止的是《懲治叛亂條例》，於同年五月二十二日廢止。一九九二年五月十六日，《刑法》一百條只修不廢，修正為「以強暴或脅迫著手實行」，保障言論與人權自由。（劉振祥攝）

1992年（續）

12月19日 第二屆立委全面改選，共一六一席。

1993年

1月5日 於大安官邸與司馬遼太郎會面

2月27日 郝柏村內閣總辭，連戰內閣上臺。

4月10日 兌現承諾，以家族旅行的方式到花蓮與司馬遼太郎會面。

4月27日 辜汪會談在新加坡舉行四天

8月10日 新國民黨連線退出國民黨，另立新黨。

9月22日 臺灣重返聯合國第一次闖關，由中南美洲友邦七國提出「設立研究委員會案」，因中國強力阻撓，遭聯合國總務委員會封殺。

11月19日 APEC舉行非正式領袖會議，臺灣以「中華臺北」名義參加，由經建會主委蕭萬長與經濟部長江丙坤出席。

1994年

1月31日 海基會代表焦仁和與海協會代表唐樹備，在北京舉行焦唐會談。

5月 與司馬遼太郎對談的〈場所的痛苦〉發表

7月29日 第二屆國民大會第四次臨

一九九三年四月十日，與日本作家司馬遼太郎在花蓮中信飯店。司馬遼太郎後來將這些會面寫在《臺灣紀行》。兩人在臺灣見過兩次面，先是同年一月五日在李登輝的官邸見面，知道司馬遼太郎打算到花蓮後，李登輝還承諾會當導遊，沒想到他兌現承諾，真的到花蓮找司馬遼太郎。同樣為一九二三年生的兩人是經歷過二戰的同一世代，司馬遼太郎在文章中寫到，李登輝跟他聊天時或許是因為有親切感，會講出從前高中時代的日語，就不用敬語了。（國史館藏）

經過民間長久努力，九〇年代關於二二八與白色恐怖的討論日漸開放，且政府也有所回應。一九九五年二月二十八日二二八紀念碑完成，李登輝是第一個為此公開道歉的總統，或許李登輝也是在回應自己經歷的風聲鶴唳的時代，他曾說二二八事件的時候，躲在延平北路的柱子下，看到軍人開槍。（國史館藏）

時會三讀通過第九任總統由公民直選的修憲案，第三階段修憲完成。

12月3日 舉行第一次臺灣省首長與直轄市長選舉，宋楚瑜、陳水扁與吳敦義分別當選省長、臺北市長、高雄市長。

1995年

2月2日 世界貿易組織（WTO）通過臺灣為觀察員，但六年後才正式入會。

2月28日 二二八紀念碑落成，代表國家向二二八事件受難者家屬公開道歉。

3月1日 全民健康保險正式開辦

4月19日 父親李金龍過世，享壽九十五歲。

6月7日 前往美國進行六天的私人訪問，並至康乃爾大學發表〈民之所欲，長在我心〉演說。

7月18日 中國宣布在臺海試射導彈。七月二十一日至二十六日進行第一波導彈試射，八月十五日至二十五日進行第二波導彈試射。

1996年

3月5日 總統大選前夕中國宣布一連串演習

3月13日 美國總統柯林頓派遣獨立號、尼米茲號航空母艦巡防臺海

3月23日 當選第九任總統

一九九五年六月九日，李登輝回到母校康乃爾大學發表〈民之所欲，長在我心〉，成為第一位訪美的中華民國總統。這次訪美連同九〇年代重返聯合國、加入WHO等，都顯現李登輝時代重新撐開臺灣國際空間的企圖，臺灣內外都在發生轉變。（國史館藏）

一九九六年三月二十三日，李登輝代表國民黨參選，成為臺灣首位民選總統。臺灣的變革似乎更加高速進行。（國史館藏）

1996年（續）

9月14日 對因應中國提出「戒急用忍」

10月25日 提出「心靈改革」主張

12月23日 國家發展會議召開，作成凍省與總統提名閣揆毋須立院同意等共識。

1997年

2月23日 立法院三讀通過《二二八補償條例》，明定二二八為和平紀念日。

4月23日 外交部推動重返世界衛生組織（WHO），申請成為觀察員被拒。

7月1日 香港主權移交中國

7月18日 第三屆國民大會第二次會議三讀通過精省組織、取消立法院閣揆同意權、增加倒閣權、總統可解散立法院等，為第四次修憲。

9月16日 尼加拉瓜等九國向聯合國提案，要求撤銷第二七五八號排除中華民國席次決議案，但提案遭到封殺。

10月29日 柯林頓與江澤民第一次會談在美國舉行

1998年

亞洲金融風暴擴散

6月17日 公布《戒嚴時期不當叛亂暨匪諜審判案件補償條例》

一九九八年十二月一日，李登輝出席國民黨臺北市長參選人馬英九的造勢晚會，在這次選舉中，李登輝喊出馬英九是新臺灣人的概念，在不到兩年內，臺灣確實也是新的，執政超過五十年的國民黨下臺，首度政黨輪替。（國史館藏）

6月27日 第二次柯江會在中國舉行，柯林頓在上海聲明對臺三不：不支持臺灣獨立，不支持一中一臺、兩個中國，不支持臺灣加入以國家為單位的國際組織。

9月12日 臺灣參與聯合國策略改變，明白宣示「中華民國政府不再聲稱代表全中國，只代表兩千一百八十萬人民」，但仍無法讓提案列入大會議程。

10月14日 第二次辜汪會談在上海舉行，其後辜振甫並至北京與江澤民見面。

北高市長選舉，提出新臺灣人概念。國民黨由馬英九代表參選臺北市長。

1999年

7月9日 接受《德國之聲》專訪，提出兩岸是「特殊的國與國關係」，被稱為兩國論。

7月21日 柯林頓公布對臺灣與中國關係的三個支柱：一個中國、臺灣與中國對話、和平解決，公開對臺灣安全關注，以扭轉過去向中國傾斜的外交政策。

9月3日 第三屆國民大會進行第五階段修憲，包括國大代表自第四屆起改為政黨比例代表制，立委任期自第五屆改為四年等。

一九九九年七月九日。在總統府接受《德國之聲》總裁魏里希（Dieter Weirich）偕該臺亞洲部主任克納伯（Gunter Knabe）及記者西蒙嫚索（Simone de Manso Cabral）訪問。在回答臺灣是否為叛亂的一省時，李登輝回答，「一九九一年修憲以來，已將兩岸關係定位在國家與國家，至少是特殊的國與國的關係，而非一合法政府，一叛亂團體，或一中央政府，一地方政府的『一個中國』的內部關係。」之後被稱為兩國論。（國史館藏）

1999年（續）

9月16日 臺灣加入聯合國案美國首度發言反對，重申一個中國政策，英法亦反對，七度叩關失敗。

9月21日 臺灣發生七．三級大地震，造成兩千多人喪生，災損嚴重。

9月25日 發布緊急令，全力救災。

12月9日 澳門主權移轉中國

12月10日 與柏楊一起出席綠島人權紀念碑落成典禮

2000年

2月 美國眾議院通過《臺灣安全加強法案》

3月18日 民主進步黨陳水扁當選第十任總統

3月24日 辭去國民黨黨主席

3月31日 以宋楚瑜為首的親民黨成立

4月24日 第三屆國民大會完成第六階段修憲，包括國民大會虛級化，以政黨比例產生任務型國代，原國民大會職權轉移立法院等。

5月20日 陳水扁就任總統，臺灣首度政黨輪替。

2001年

1月2日 兩岸在福建省與金門、馬祖之間進行小規模通商、通航與通郵，稱為小三通。

一九九九年九月二十四日到臺中新社災區。九二一大地震造成嚴重災情，李登輝到各地總是帶著一大疊現金，希望能先救急。（國史館藏）

一九九九年十二月十日國際人權日，綠島人權紀念碑落成，李登輝與作家柏楊（右）一起出席。碑上寫的是柏楊的句子，「在那個時代，有多少母親，為她們囚禁在這個島上的孩子，長夜哭泣。」（國史館藏）

一九九九年九月二十八日到臺北縣新莊博士的家大樓探視，右四為臺北縣長蘇貞昌。九二一大地震是李登輝卸任前遇到的重大災難，他「感覺到好像神在考驗」。李登輝在《李登輝總統訪談錄》中提到，二戰時遇到東京大空襲，仍在當兵的他被派去清理災區，對他產生很大影響。當時的情景讓他學習到要如何處理。（國史館藏）

二〇〇〇年五月二十日，告別總統府。臺灣進入政黨輪替的新時代，也是李登輝個人的新時代。（國史館藏）

1月11日　WTO通過臺灣入會案
8月15日　臺灣團結聯盟成立
9月21日　遭國民黨撤銷黨籍
12月3日　智庫群策會成立
12月20日　提出十大國會改革方案，贊同公民有創制、複決權，並認為一再修憲不如制訂臺灣基本法。

2002年

1月　臺灣正式加入WTO
9月12日　倡議成立農業銀行

2003年

5月17日　群策會成立的李登輝學校正式開學
8月23日　提出中華民國不存在
9月6日　擔任臺灣正名運動總召集人，主張制訂新憲法。

2004年

2月28日　參加「二二八百萬人手護臺灣」活動，擔任總召集人。
3月19日　尋求連任的陳水扁於臺南掃街時發生三一九槍擊案
3月20日　陳水扁當選第十一任總統
7月1日　參加臺灣制憲運動誓師大會，擔任總召集人。
12月5日　擔任「制憲・正名・臺灣國」大遊行總召集人
12月15日　蔣方良過世，享壽八十八歲。

二〇〇一年十月十四日，李登輝和彭明敏（左）在臺北國際會議中心大會堂舉行「先覺世紀對談——跨越兩個國度的人生」對談，同為一九二三年出生的兩人，經歷過同樣的時代，卻有截然不同的命運，一個成為國民黨政權的總統，一個成為逃亡的政治犯。李登輝在《李登輝總統訪談錄》曾說，過去與彭明敏沒有深交，但一九六四年在彭明敏被逮捕前一日曾一起吃飯，之後知道彭明敏有發布《臺灣人民自救運動宣言》的想法，非常驚訝。（中央社）

二〇〇二年八月十一日與當時的總統陳水扁（右）參加臺灣團結聯盟一週年黨慶，二〇〇一年被國民黨撤銷黨籍的李登輝，身邊漸漸是臺灣意識強烈的政治黨派與人物。左為當時臺聯黨主席黃主文。（國史館藏）

二〇〇四年二月二十八日與尋求連任總統的陳水扁參與「二二八百萬人手護臺灣」活動。（國史館藏）

二〇〇四年三月十九日三一九槍擊案發生當天下午，李登輝在臺北街頭幫陳水扁掃街拜票。槍擊案隔天，選舉照常進行，陳水扁當選第十一任總統。（中央社）

2005年

6月 國民大會停止運作

2007年

6月7日 赴日本靖國神社追思戰死的大哥李登欽

2008年

5月20日 國民黨馬英九就任第十二任總統，臺灣再次政黨輪替。

6月12日 海基會江丙坤與海協會陳雲林在北京第一次會談，就兩岸包機與開放大陸觀光客來臺進行討論。

8月 莫拉克風災，造成六百餘人死亡，近二十人失蹤。

11月4日 第二次江陳會談在圓山飯店，陳雲林來臺導致野草莓運動發生。

12月15日 兩岸大三通啟動，除開放通郵，本島的港口、機場也與中國定點往來。

2012年

5月20日 馬英九連任第十三任總統

8月 李登輝基金會成立

2014年

3月18日 因抗議馬英九政府與中國簽訂《海峽兩岸服務貿易協議》，學生占領立法院發起反服貿運動，又稱太陽花運動。

二〇〇七年六月七日李登輝前往靖國神社，追思被祭奉在神社的大哥李登欽，李登輝參拜結束後哽咽說，「暌違六十二年後能與兄長重逢，實在令人鼻酸落淚。」因為沒有遺體，李登輝的父親一直不相信兒子死了，沒有做招魂儀式。李登輝在《李登輝總統訪談錄》提到，從一九四五到一九四六年，哥哥、母親與阿公，家裡陸續有三個人過世，「厝內就開始敗下去」。大哥死後，李登輝一直很照顧他的小孩，來臺北讀書會幫他們出錢，曾文惠也會為他們做便當。（中央社）

二〇〇八年十二月六日李登輝到臺北市自由廣場探視野草莓運動的學生，隔天學生將發起「一二〇七野給你看」野草莓全臺串連大遊行。野草莓運動是因中國海協會陳雲林來臺過度維安引發，歷時一個多月，此次與野百合運動的不同在於，是在各地各校逐步響應。與野百合運動相隔十八年，李登輝表示贊同學生的訴求，《集會遊行法》應改為報備制不是許可制。（中央社）

二〇一二年一月十三日總統選舉投票前一晚，九十歲的李登輝抱病在板橋幫民進黨候選人蔡英文站臺。蔡英文在李登輝任內任國安會諮詢委員，兩國論的主要起草人。這場站臺李登輝真情流露，說出今天是最後一次拜託大家。四年後，蔡英文才當選，李登輝也見證臺灣出現第一位女性總統。（中央社）

4月10日 太陽花運動退場

2016年

5月20日 民進黨蔡英文就任第十三任總統，臺灣第三次政黨輪替，為第一位女性總統。

2017年

12月 源興居生技公司成立，培育本土和牛「源興牛」。

2020年

5月20日 蔡英文連任第十四任總統

7月30日 晚間七點二十四分辭世，享壽九十八歲。葬於五指山國軍示範公墓。

李登輝在五指山之墓，妻子曾文惠並已寫下欲合葬之名。（國史館藏）

二〇〇七年在翠山莊的李登輝。擁有強大意志的李登輝，是一個追求智性的舊式知識分子，他的一生經歷不同語言、不同政權、不同認同，在無法確認自己該做什麼的時候，他最常做的就是讀書。細看他的人生，很多選擇表面矛盾，其實皆是他個人意志與時代影響的產物。（劉振祥攝）

香港

Hong Kong

Україна & Hong Kong

烏克蘭布查（楊子磊攝，報導者提供）

FEATURE 特別企畫

烏克蘭與香港

一定要他輸
Il faut qu'il perde

艾力克・菲耶（Éric Faye） 陳太乙 譯

一九六三年生，一九九一年出版第一本散文集，隔年出版第一部小說，已有散文及小說作品十餘部，包括《我是守燈塔的人》、《雨海上的郵輪》、《我的未來灰燼》、《一段沒有你的人生》、《我的夜車》、《可憐蟲工會》、《孤獨將軍》、《沒有痕跡的男人》，與已在臺灣出版的《長崎》、《三境邊界祕話》、《Parij》、《日人之蝕》等。曾多次獲得文學獎項，二〇一〇年的《長崎》更榮獲法蘭西學術院小說大獎。

在法國，作家們完全未對烏克蘭戰爭發表意見。並非因為他們冷漠，全然不是。這毋寧是對於書寫及想法所產生的無力感：日復一日，夜復一夜，炮彈和導彈不斷落下，摧毀一個民族的所有心血，生活所需的一切，包括供電系統、引水設施、學校、醫院和住屋，也摧毀了人們的命運及他們的希望。法國作家們完全沒有動員起來，然而在這場衝突中，文字書寫及遣辭用句是一個關鍵性的問題：與烏克蘭相關事物，俄國當局禁止使用某些說法，例如「戰爭」或「侵略」，只能說是一項「特別行動」，彷彿那是警察為了重整秩序所進行的一次干預，會盡速解決。另一方面，克里姆林宮方面以「去納粹化」來論述烏克蘭情勢，無視烏國總統是猶太後裔。既悲劇又令人振奮的是，這場戰爭為文學的洞察力加冕：喬治．歐威爾在小說《一九八四》中的描述，在二〇二二年，就在這樣的俄羅斯，在我們眼前具體成真。在那裡，政權操著一種「新語」（novlangue），意欲使人相信沒有戰爭發生，相信一個猶太人會是一名納粹，諸如此類之事。政權宣揚與文字原意相反的意義，禁用某些字眼，凡使用之人皆被送入牢中，拘禁多年。

自從中學時代學習俄語以來，在我眼中，俄羅斯長期占有重要的一席之地。在俄文中，戰爭這個字是這麼說的：vaïna。這樣一個聽來溫和，幾乎柔滑的字，用來指稱恐怖，集體犯罪，被國家政府允許、主導的犯罪，因為他們把年輕人送去自相殘殺。俄語是最美麗的語言之一，十六、七歲時，我毫不費力就能記住生詞和文法規則。我如沾水的海綿般吸收這國家的語言及文化。我喜歡俄國作曲家，從拉赫曼尼諾夫到蕭士塔高維奇都愛。我喜歡俄國民族的詩歌品味。我喜歡俄國文學，從契訶夫到贊米亞亭（Zamiatine），以及，現今的佩列溫（Pelevine）或烏利茨卡婭（Oulitskaïa）。我喜歡俄國人對戲劇的品味。我喜歡他們的歌手，像是弗拉基米爾．維索茨基（Vladimir Vyssotski）或布拉特．奧庫德扎瓦（Boulat Okoudjava）。還有俄國人多愁善感的傾向，我也十分有共鳴……一有機會，我就喜歡去這遼闊的國度旅行——首先，去以往被稱為蘇聯的帝國。一九八一年二月，我初次去那兒探險，那是一個雪白寒冷得令人嘆為觀止的冬天。身為通訊社記者，我曾密切關注這個地區在近代史上的波折演變：從車諾比事件到經濟改革（perestroïka），以及蘇維埃社會主義共和國聯盟的瓦解到俄羅斯對世界的開放。和許多歐洲人一樣，我喜歡戈巴契夫及他為和平——紅軍撤出阿富汗——與自由所做的貢獻；後來，我多半也以認同的眼光看待葉爾欽的作為——在他沒喝醉的時候。然後，如今已有二十年多一點了，現任那個男人，他目光非常冷酷，曾長期為蘇聯國家安全委員會（KGB）以及後來的俄羅斯聯邦安全局（FSB）工作。

二〇〇〇至二〇一〇年間，我繼續探索這個領土橫跨兩座大陸，止於日本邊界的遼闊國度。在二〇〇五年，終於實現了年輕時的夢想：取道西伯利亞鐵路，參訪伊爾庫次克（Irkoutsk），初見貝加爾湖。後來又有了幾次西伯利亞旅行——二〇一二年的薩哈，那時我乘船沿勒拿河（La Lena）而下。兩年後，船行另一條水道，葉尼塞河（l'Ienisseï）。我見識到大自然的力量，所有俄國人曾經且持續馴服並加以利用的一切：克拉斯諾亞爾斯克（Krasnoïarsk）的水力發電廠大壩，諾里爾斯克（Norilsk）附近的礦場，就位於中部西伯利亞高原上。我也看到了黑暗的一面：史達林時期及後來布里茲涅夫時期留下的古拉格，灰色天空下的瞭望塔，墓園，紀念政治犯或被押送到勞改營的平民的建築。

接觸異議文學後，我大為震撼。索忍尼辛（Alexandre Soljenitsyne）、多姆布羅夫斯基（Iouri Dombrovski）、金茲堡（Evguénia Guinzbourg）……最近，我讀了一本偉大的當代俄國小說：《綠頂棚》（*Le Chapiteau vert*），作者烏利茨卡婭在書中呈現一九六〇到一九七〇年間的異議分子小族群，他們的勇氣與懦弱，恐懼與希望。於是我告訴自己，感謝烏利茨卡婭這樣的作家，我還有理由對俄羅斯懷抱希望，還能寄望其文化，希望俄羅斯這個國家不會永遠被偏執妄想左右，不會「堅信」全世界都想對他們不利。希望可能出現一個放棄其過時帝國主義的俄羅斯，如同我們在一九八〇年代和一九九〇年代見到的那樣。希望一個參與國際合作的俄羅斯不是烏托邦空想。一個崇尚和平的俄羅斯！俄文中，指稱和平與世界的是同一個字：「mir」。「Mir mira！」「Мир мира！」世界和平！這曾是蘇聯時期的一則著名口號。始終只是口號，但我想在這個同形異義的詞組中看見的是，對俄國人來說，世界可以是和平的同義詞。

自從烏克蘭戰爭爆發以來，我暗下決心，只要這目光冷酷的男人所化身的獨裁政權仍占據克里姆林宮，我就永遠不回俄國。也許，我將永遠不會再回到俄國。這種個人態度，當然什麼也改變不了。想必我是有點天真，心中自忖：如果人人都找到自己的抗議方式，或許……但是，在文字已被影像比下，喪失大半力量的二十一世紀，作家還能做什麼呢？從二〇二二年二月二十四日以來，關於烏克蘭，我一篇日記也沒寫，沒發表任何報章評論，順道一提，關於這場爆發了九個月後仍持續令我驚愕及焦慮的衝突，您現在讀的是我的第一篇文字。

在占領烏克蘭事件所引發的驚愕背後，我想，有著這些因素：我帶著這樣的想法長大，到了我們這個時代，不會再有任何國家去侵略另一個國家。那已成為歷史。如上古時代。如中古世紀。即使二十世紀中葉還有納粹和法西斯，但在那之後，不，這已不是可考慮的選項。我帶著這樣的想法長大：人類從過去取得了教訓，已將侵略行為封鎖在歷史教科書裡。早就結束了。核武恫嚇、世界分裂，在兩種情勢相互制衡下，不能再如此輕易發動征戰……一九九〇年代，當時，前南斯拉夫解體，歷經衝突的巴爾幹半島各國感受到前所未有的驚惶，同一個國家的人們自相殘殺——波士尼亞、克羅埃西亞、以及後來的科索沃——但沒有任何

春山文藝

菲耶走過西伯利亞的勒拿河（Éric Faye 攝）

一支外國軍隊進入他們的領土。從某種角度來看，入侵烏克蘭堪稱過時的衝突行動。一九三〇年代的戰爭幽靈浮現於當今之世。我有一位俄國女性友人，她住在薩哈，也就是西伯利亞東部；當克里姆林宮頒布「部分軍事動員令」時，她在社交平臺上寫道：這場戰爭與西伯利亞人無關。他們一點也不想離家八千公里去參戰。西伯利亞人比較喜歡養鹿養馬。這場戰爭跟他們一點關係也沒有。

如今，一定要讓目光冷酷那個男人輸掉這場戰爭。這是我從二〇二二年二月二十四日以來反覆對自己說的話。一定要他輸。這不僅是為烏克蘭著想，也是為全世界著想。為了世界的和平。Мир мира！他必須輸，因為要是他贏了，他的勝利將成為信號，鼓舞地球上所有支持他的暴政——白羅斯、敘利亞、中國和伊朗。他必須輸，否則，那些暴君會以為侵占鄰國，掠奪其領土及資源仍然可行，不會受到制裁。既然，目光冰冷的那個男人，他做到了。

他必須輸，否則我們將回到一九三〇年代，那時，日本侵略中國，蘇聯侵略波蘭，德國對捷克斯洛伐克，義大利對阿比西尼亞帝國（Abyssinie），亦做了同樣的事。全世界的暴君都很清楚烏克蘭戰爭背後的賭注，此外，北韓（我曾在小說《日人之蝕》中提及）和伊朗對目光冷酷的男人運送武器。因為，贏得了戰爭，他們便是最大的獲利者。他必須輸，否則，全世界的獨裁者「國際」（l'internationale）[1] 從北京到平壤，明斯克到哈瓦那再到德黑蘭，都將搭上順風車。如果俄國勢力獲勝，那便是國際正義的失敗，世界文明的倒退。世界各處的民主人士應該就是這樣理解的：不支持烏克蘭，等於是接受讓國際陷入混亂。目光冷酷的男人引發的戰爭並非只想擊垮烏克蘭，那是一場反民主意識的戰爭，與整個世界的民主為敵。目光冷酷的男人不喜歡複數聲音，不喜歡自由——與他親近的友人名單上完全不見重要民主人士：阿塞德、金正恩、習近平、盧卡申科、馬杜洛（Nicola Maduro）。歐盟的民主國家之中，唯一與他交好的領導人是匈牙利總理奧班（Viktor Orbán），而此人在他自己的國家內做了那麼多縮限自由之事……

目光冷酷那個男人十分堅決。他知道自己握有一項對抗民主國家的強大王牌：他可以把目標設在長遠之後。他可以等美國執政陣營轉移，等川普重回白宮；可以等歐洲的通膨和能源危機引發輿論熱議及社會混亂，政策轉向……克里姆林那個男人，蛇蠍一般心狠手辣，冷酷無情，他懂得等有利於他的時刻。所以，必須盡快讓他輸，因為時間可能是他的盟友。西方世界的某些政黨中有許多人支持那目光冷酷的男人，他也希望那些人有一天都能取得政權。在法國，國民聯盟（Rassemblement national，極右派）的幾位領導人已在幾年前便表現出與俄國政府走得很近；二〇二二年二月二十四日以前，梅蘭雄（Jean-Luc Mélenchon，左派）毫不隱藏他對俄國體制的好感，以及對北約的嫌惡，諸如此類……這一切也就是說，西方國家對烏克蘭的支持其實很脆弱，戰爭拖得愈天長地久，這些支持就愈有退縮的危險。

烏克蘭遭到強鄰俄羅斯入侵之事，在媒體報導中引來一項意外的結果：輿論的注意力被引到臺灣問題上。很快地就有一群記者在這兩種不同的情勢間建立起平行的關聯——莫斯科與基輔，中國與臺灣。對於這項議題，我的認識遠遠不足，無法知道這樣的類比是否有其意義，也不知這能有多大的意義。無論如何，自從展開軍事行動以來，俄國所遭遇的重大困難——不僅止於戰場上，在極為嚴峻的國際制裁下，經濟、科技及財務上亦難關重重——應可

二〇二二年遭俄軍占領一個月的布查，留下四八五具平民屍體。圖為在軍人公墓的掘墳者塞爾西（Serhiy）。（楊子磊攝，報導者提供）

春山文藝

供中國領導階層借鏡。攻打他國者不能逍遙法外。國際社會扮演了公眾意見的角色。時間久了後，國際制裁可以破壞經濟，引發社會混亂。從一九八〇年起，中國便加入了世界貿易潮流，其經濟狀況非常仰賴外資及與其他各國的商業往來。攻擊臺灣對中國本土可能造成代價非常巨大的影響，而關鍵就在於，中國的領導階層，明知一場戰爭可能導致他們垮臺，是否仍準備付出這樣的代價。因此，可以保證，他們會緊盯目光冷酷那個男人走錯的每一步，記住所有不該做的事——萬一真有一天，他們動念出兵臺灣，然而這完全不是可以確定之事。無論如何，烏克蘭的局勢倒有一項功德：在世界上促成一股對臺灣人民的認同好感，意識到面對強鄰的臺北位於非常特殊的處境，即使媒體為追求煽動性，偶爾傾向做一些不見得成立的類比。

俄烏衝突的另一項好處，如果可以這麼說的話，即是民主國家意識到它們對某些獨裁政權的依賴。歐洲已明白，如此依賴俄羅斯的天然氣導致自己落入了什麼樣的陷阱。德國放棄運作北溪二號管線，必須盡速找到其他商業夥伴，取得天然氣，才能阻斷對俄國的依賴。於是，歐盟開始重新思考與另一個獨裁巨頭中國的關係。這場衝突終會帶來一項道德上的好處——令人明白與暴政過多商業往來的危險。最後——但也是最重要的——，為了降低對俄羅斯天然氣的依賴，歐洲國家已重新投入再生能源的發展。常言道，戰爭是創新的源頭；這場戰爭將弔詭地加速所謂的「能源轉型」，重新思考國際貿易這項觀念，優先著重經濟獨立的概念。俄烏戰爭將打開西方領導人們的眼睛，以往他們總寧願閉上……

法國，在我撰寫這篇文章時，正邁入一個充滿不確定的冬天。面對瓦斯或電費驚人的價格暴漲，每個人都在勉力調適自己的恐懼，甚至焦慮。我們面對的還有食物漲價和短缺。在這全球化時代，這場戰爭確實有其國際特性。部分人士擔心核武成為手段，或害怕烏克蘭出現核災，因為輻射沒有邊界。車諾比核電廠正位於該國境內，那場核災對歐洲人而言記憶猶新。同樣的，每個人心中都在問，該如何走出二〇二二到二〇二三年這個冬天。消費低迷，歐洲國家準備迎對一場經濟衰退。不消說，在這樣的境況下，首當其衝受害的即是文化與文學。電影院內大多空蕩冷清……然而，弔詭的是，遁入閱讀或電影及戲劇的需求卻不曾如此迫切，何況，烏克蘭戰爭緊接在新冠疫情造成的那緊繃而困難的兩年之後。是的，夢想從來不曾如此迫切。說到夢想，我也有一場，並且不斷地做著這場夢：但願這場衝突以暴君的潰敗終結，但願俄羅斯變成一個和平自由的國家。但願這場噩夢早日結束！但願我能重新搭乘西伯利亞鐵道火車，再次開口說俄文：Мир мира！

譯注

1 此處借用十九世紀末至二十世紀上半葉，世界各左派政黨結盟組織的名稱，如第一國際、第二國際、第三國際。

小說先行，坦克隨後——

當代俄羅斯軍事小說（二〇〇九—二〇二二）與烏克蘭戰爭文學（二〇一五—二〇二二）

First Go Novels, Then Go Tanks

瑪莉雅・舒瓦洛娃（Mariia Shuvalova）　胡宗香 譯

烏克蘭國立基輔—莫訶拉學院大學（National University of Kyiv-Mohyla Academy）講師，也是非政府組織新烏克蘭學術社群（New Ukrainian Academic Community）共同創辦者。瑪莉雅負責美國波士頓學術研究出版社（Academic Studies Press）的烏克蘭語開放取用書系（Open Access Series），為 The Daily Beast 等平臺撰稿，亦經常出現在加拿大廣播公司（CBC）、福斯新聞（Fox News）、《泰晤士報雜誌》（*The Times Magazine*）等國際媒體。曾為哥倫比亞大學哈里曼研究所（Harriman Institute）傅爾布萊特獎助學者。自俄羅斯全面入侵以來，瑪莉雅一直待在烏克蘭。

二〇一五年春假。我是二十一歲的碩士生，正前往利維夫市（Lviv）。途中，我在舅舅格里高利家中停留。那是個溫暖但依然清爽的早晨，我準備喝杯舅舅準備的現磨咖啡。「伊利亞踩到地雷。丟了一條腿。」男友羅曼在電話上告訴我；伊利亞是他弟弟。最後我沒去利維夫，而是到了第聶伯羅（Dnipro），伊利亞以直升機後送到那裡。二〇一四年，俄羅斯軍隊占領克里米亞並入侵頓內茨克州（Donetsk）與盧漢斯克州（Luhansk），十八歲的伊利亞旋即參與志願軍營，前往頓巴斯（Donbas）。[1] 當時我二十一歲，羅曼二十歲。我們決定先不告知父母，等醫院處理完最關鍵的階段再說，不過我跟舅舅說了。我們想至少給父母一點保護，但我知道舅舅曾有類似的經歷。

舅舅曾帶他年邁的父親踏上漫長的德國之旅。外公年少失怙，他的父親歐列克西為了對抗納粹政權而上戰場，在第二次世界大戰近尾聲時陣亡。外公和舅舅設法找到歐列克西位於柏林近郊的墓地並前往造訪，已經是將近五十年前的事。他們在墓前哭了。加護病房裡的我們沒有哭泣，我們只是看到戰爭代表了什麼。返回學校後，連跟朋友我都無法談起此事。文學是我慣常探索世界的方式，因此我把自己沉浸在閱讀關於俄烏戰爭的書本裡。

二〇一四年俄羅斯入侵烏克蘭，引爆一波戰爭文學——小說、隨筆、短篇故事、散文、日記、回憶錄。最早的書出版於二〇一五年；到二〇一九年，如嘉娜・思科琳娜（Ganna Skorina）所指出，已經累積超過六百本[12]。[2] 思科琳娜的文章名為〈戰爭之書：記錄克里米亞與頓巴斯的俄烏戰爭〉（War Books. Recording the Russo-Ukrainian War in Crimea and Donbas），由斯特凡紐克（Jeffrey Stephaniuk）翻譯為英文。她不僅首度嘗試為所有以當下這場戰爭為題的書籍編目分類（詩、小說、散文、非虛構、漫畫、圖像小說），也介紹作者背景——士兵、專業寫作者、隨軍牧師、志工、平民記者、軍方記者、國內流離失所者、陣亡士兵家屬、烏克蘭老百姓、外國人。[12]

烏克蘭文學學者瑪莉娜・利亞比琴科（Maryna Riabchenko）著有專書《烏克蘭短篇小說：當代接受史》（*Ukrainska mala proza: suchasna retseptsiia*），她指出，戰爭文學有很大比例來

出身頓內茨克的作者與記者阿塞耶夫（Stanislav Aseyev）（來源：維基百科）

自作者的個人經驗。[8] 因此，許多出版的日記、文學性的報導、散文與文本，首要記錄的是戰爭——戰役、戰地醫療、遭俘、集中營裡的生活。其中一例為馬基耶夫（Valerii Makieiev）的自傳式著作《遭俘一〇〇天或呼號九一一》（*Sto dniv polonu abo pozyvnyi 911*）。馬基耶夫是人權鬥士，遭所謂的盧漢斯克人民共和國（LNR）囚禁一百日。自獲釋以來，他持續幫助仍遭軍事人員挾持的人質，也志願在車卡夕市（Cherkasy）行政委員會服務。另一個例子是克里米亞出生長大的運動人士赫納迪．阿法納西耶夫（Henadii Afanasiev）所著的《陷落後再起》（*Pidniatysia pislia padinnia*）。克里米亞遭兼併後，他參與推動烏克蘭統一的公民運動，之後曾遭非法拘留在俄國監獄。俄羅斯發動全面軍事入侵後，赫納迪加入烏克蘭軍隊，後於二〇二二年十二月十八日在盧漢斯克州的比洛戈里夫卡（Belogorivka）陣亡。他和我從未受過軍事訓練卻仍加入軍隊的表親D並肩作戰。俄國全面入侵的最初幾天，我問D有什麼我能幫上忙的地方，他請我幫他張羅軍靴，因為他穿著球鞋在打仗——我就此展開志願工作。軍靴之後，D又要我張羅二十二套克維拉防彈背心和頭盔。我手機裡還存有一張照片，照片中，D、赫納迪和其他人拿著我們幫他們送去的睡袋和其他物品。這兩部自傳式作品尚未翻譯為英文，不過，阿塞耶夫（Stanislav Aseyev）的作品則已有英文譯本。他是來自頓內茨克的作家與記者，以筆名瓦辛（Stanislav Vasin）在遭占領的家鄉寫作，直到被俄國控制的民兵部隊非法拘留為止。他以二〇一五至二〇一七年遭俄羅斯聯邦安全局（ＦＳＢ）非法監禁為題的作品名為《天堂路上的虐囚營》（*The Torture Camp on Paradise Street*），於二〇二〇年出版。他敘述在馬基伊夫卡（Makiivka）和頓內茨克生活的《孤立：來自頓巴斯占領區的音信》（*In Isolation: Dispatches from Occupied Donbas*），英譯本已於二〇二二年面世。在紀實文學以外，戰爭也是所謂大眾通俗小說以及純文學的主題，這一點「頗為特別，因為大眾（平等的）文學（egalitarian literature）回應議題的速度通常較為緩慢；創造一部寫作精良的作品需要時間」。[8] 在我看來，似乎烏克蘭寫作者也清楚瞭解拖延的代價——是生命的流失。

「你只有一分鐘可以綁止血帶，也只有一小時可把傷者送到醫院。戰地醫療人員做到了；他會活下來」——醫生這麼告訴我們。伊利亞正在接受不同手術。醫生要從他的背部與臀部移除彈片，鋸掉肌肉不會再生長的骨骼處，並嘗試保留他的膝蓋。羅曼、伊利亞的女友和我在走廊上等待。她是個演員，體態強健，有雙大大的綠色眼睛。她的聲音非常好聽，還有三個妹妹；自二〇一四年以來她便在烏克蘭軍隊擔任狙擊手。十天後，她返回戰場。

烏克蘭文學中，對戰爭的女性觀點可由下列作家的作品代表：專業作家如奧克薩娜．札布茲科（Oksana Zabuzhko）與艾琳娜．茨利克（Iryna Tsilyk），國內流離失所的女性作者如伊莉雅．基娃（Iia Kyva），志願工作者如塔瑪拉．侯利哈—澤尼亞（Tamara Horiha-Zernia），女性士兵如雅莉納．車諾胡茲（Yaryna

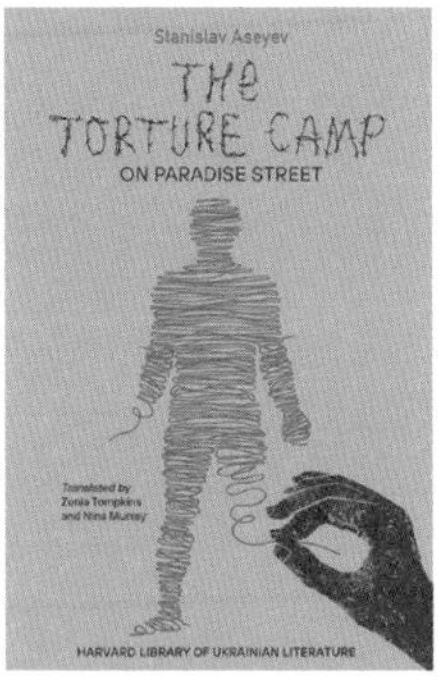

阿塞耶夫的兩本著作《天堂路上的虐囚營》（左）與《孤立：來自頓巴斯占領區的音信》都已有英譯本

Chornohuz）和歐雷娜・赫拉斯謬克（Olena Herasymiuk），陣亡士兵親屬如歐雷西雅・克洛梅楚克（Olesia Khromeichuk），以及新聞記者如歐拉・卡什波爾（Olha Kashpor）與安娜斯塔西亞・費德琴科（Anastasiia Fedchenko）。閱讀費德琴科關於二〇一四年最早挺身捍衛烏克蘭主權者的文集《他們贏了：十一則帶著或明或暗傷痕者的故事》（*Vony peremohly. 11 istorii pro liudei z ranamy – vydymymy i nevydymymy*），我為歐拉・本達（Olha Benda）的故事而震驚。歐拉失去左腿後仍持續參與馬拉松賽事。二〇一九年的美國海軍陸戰隊馬拉松，她是唯一戴義肢參與十公里賽事的女性。還有《剪掉髮辮的女生》（*Girls Cut Their Braids*），這是二十五名烏克蘭女性士兵的回憶錄，她們從二〇一四至二〇一八年參與俄烏戰爭，在烏克蘭國軍與志願單位中擔任射擊手、機槍手、醫療人員、炮兵、狙擊手和其他工作。戰地記者艾芙根尼亞・波多博納（Evgenia Podobna）為烏克蘭國家記憶研究所（Ukrainian Institute of National Memory）的「反恐行動口述歷史」計畫蒐集了這些故事。亦有針對烏克蘭軍中女性的學術著作：二〇一六年由塔瑪拉・瑪爾岑尤克（Tamara Martsenyuk）、嘉納・格里岑科（Ganna Grytsenko）和安娜・克維特（Anna Kvit）合寫的〈『隱形之營』：反恐軍事行動中的女性〉（"Invisible Battalion": Women in ATO Military Operations），刊登於《基輔—莫訶拉法政期刊》（*Kyiv-Mohyla Law and Politics Journal*）。

自二〇一九年以來，以戰爭為題的書籍獲得更多關注——有些翻譯為外文，有些贏得獎項（包括國際獎項）。下列作品經翻譯為英文：洛伊科（Serhii Loiko）的《機場》（*The Airport*, 2015），經摘譯為英文後刊登於《敖德薩評論》（*The Odesa Review*），柳芭・雅金姆楚克（Liuba

Yakymchuk）的《頓巴斯之杏》（*Apricots of Donbas*, 2015），克考夫（Andrii Kurkov）的《烏克蘭日記：基輔捎來的消息》（*Ukraine Diaries: Dispatches from Kyiv*, 2015），奧克薩娜・馬克西姆楚克（Oksana Maksymchuk）和洛索琴斯基（Max Rosochinsky）編選的《戰爭之語：烏克蘭新詩選》（*Words for War: New Poems from Ukraine*, 2017），札丹（Serhii Zhadan）的《孤兒院》（*The Orphanage*, 2017），切克（Artem Chekh）的《絕對零點》（*Absolute Zero*, 2017），克考夫的《灰色蜜蜂》（*Grey Bees*, 2018），阿塞耶夫的《孤立》（*In Isolation*, 2018），以及侯利哈—澤尼亞的《女兒》（*Daughter*, 2019）。克洛梅楚克的《失去：一名陣亡士兵由他妹妹講述的故事》（*A Loss: The Story of a Dead Soldier Told by His Sister* , 2021）原以英文寫成，現已翻譯為德文與烏克蘭文。

切克寫於二〇一七年的《絕對零點》以他的從軍經驗為主題，贏得烏克蘭—白俄羅斯的國際獎項「光明戰士獎」（Warrior of Light），烏克蘭 LitAccent 年度書獎，以及烏克蘭政府頒發的尼古拉・果戈里獎（Mykola Hohol prize, 2018）。志願工作者侯利哈—澤尼亞以真實故事為本的小說《女兒》，獲得二〇一九年ＢＢＣ年度圖書獎；反恐行動部隊退役軍人塞岡（Serhii Serhiyovych Saigon）的小說《*Yupak*》（按：意指蘇聯時期的摩托車品牌 Yupiter）贏得二〇二〇年ＢＢＣ年度圖書獎，LitAccent 評審團特別獎。切克的《你是誰》（*Who Are You*）為二〇二一年ＢＢＣ年度圖書，羅馬娜・洛瑪尼新（Romana Romanyshyna）與雷西夫（Andrii Lesiv）的童書《戰爭如何改變隆多》（*How War Changed Rondo*）獲得二〇一五年波隆那插畫展拉加茲獎（Ragazzi Award），以及德國慕尼黑青少年圖書館的白烏鴉獎（White Ravens Award），亦入選柯克斯書評二〇二一年最佳繪本短名單。札丹的小說《孤兒院》由薩賓娜・史托赫（Sabine

烏克蘭導演與作家先佐夫（Oleh Sentsov）曾遭俄羅斯判刑，圖為審判照。（來源：維基百科）

Stöhr）與杜爾科特（Juri Durkot）從烏克蘭文譯為德語的譯本，獲得二〇一八年萊比錫書展大獎。烏克蘭導演與作家先佐夫（Oleh Sentsov），作品包括《一個絕食抗議者的記事》（*Chronicle of a Hunger Striker*）與《第二件也值得買》（*The Second One's Also Worth Buying*），獲頒沙卡洛夫思想自由獎（Sakharov Prize for Freedom of Thought），美國筆會／芭芭拉・戈德史密斯寫作自由獎（PEN/Barbara Goldsmith Freedom to Write Award），與烏克蘭國家獎項舍甫琴科獎（*Taras Shevchenko National Prize of Ukraine*）。二〇一四年五月，先佐夫被俄羅斯聯邦不公不義地監禁，判處至流放地服刑二十年，後來在烏克蘭與俄羅斯二〇一九年換囚後重獲自由。反恐行動部隊退役軍人索爾德（Vlad Sord）以其小說《深淵》（*The Abyss*, 2021）贏得德國—烏克蘭的奧列斯・岡察爾獎（Oles Honchar Award）。

自二〇一四年以來，戰爭每年都帶來更多書本，但也帶來更多死亡。寫下這句話時，我收到巴比契（Hlib Babich）的死訊，這名烏克蘭詩人、反恐行動退役軍人與非政府組織「社區事務」運動人士，在捍衛烏克蘭主權時殞命。艾琳娜・羅迪納（Iryna Rodina）在烏克蘭筆會的刊物中發布了「戰爭奪走的文化人」名單，而且持續更新。作家、芭蕾獨舞家、指揮家、導演、喜劇演員、音樂家、芭蕾舞臺設計總監、畫家……

《剪掉髮辮的女生》（*Girls Cut Their Braids*）封面。從二〇一四年俄羅斯入侵烏克蘭後，因女性參軍，而有更多的女性回憶錄出版。

柳芭・雅金姆楚克（Liuba Yakymchuk）的《頓巴斯之杏》英譯本封面，近年來烏克蘭的作品獲得更多關注，被翻譯成不同語言與獲獎。

但首先他們在書本中屠殺我們——以俄羅斯當代軍事小說為例（二〇〇九—二〇一四）

戰爭敘事與關於戰爭之敘事（War Narratives and Narratives of War）是二〇一九年在克羅埃西亞首都札格雷布舉行的斯拉夫、東歐與歐亞研究協會（Association for Slavic, East European, and Eurasian Studies）國際學術會議的主題之一。我打算報告當代烏克蘭文學中的戰爭主題。然後，幾個問題浮現在我心中——攻擊我們的國家如何看待這場戰爭和他們入侵我們的原因？

著名的俄國作家並不書寫戰爭；俄國芭蕾舞者與指揮家不會加入軍隊的志願營，最好的俄國詩人不會死於戰壕中。儘管如此，我找到俄國作者針對當前俄烏戰爭寫作的幾部小說。它們有幾個特點，但其中一個最為顯著——有些寫在俄國入侵烏克蘭之前。

二〇〇九年，薩維茨基（Georgiy Savitskiy）出版幻想小說（作者與出版社定義的文類）《決戰塞瓦斯托波爾》（*The Battlefield Is Sevastopol*，這座烏克蘭城市的正確拼法是 Sevastopil）。二〇一一年，這本書贏得以俄羅斯蘇聯作家協會（Union of Writers of the USSR）克里米亞支會文學會會員柳德米拉・科齊內茨（Lyudmila Kozinets）為名的獎

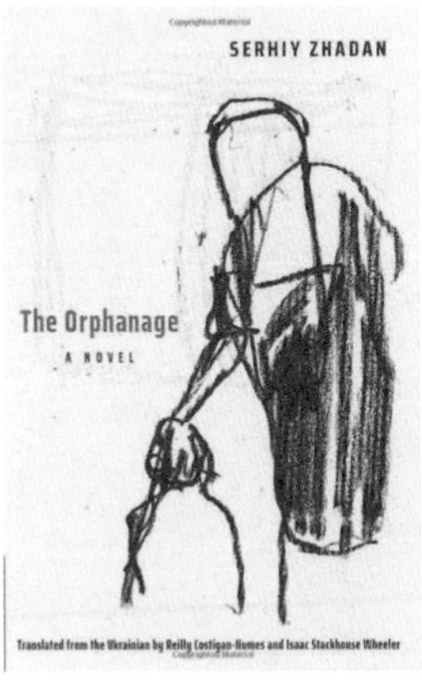

（右）切克（Artem Chekh）的《絕對零點》，是一本獲獎無數的作品。

（左）札丹（Serhii Zhadan）的《孤兒院》，德語譯本獲二〇一八年萊比錫書展大獎。

項。這個獎項頒發給「科幻、奇幻、文學神祕主義、文學童話故事以及浪漫文學領域中，以克里米亞的歷史、文化、現狀與未來為題最出色的作品。創立者為阿尤山群星獎（Ayu-Dag Constellation）克里米亞科幻小說節的籌辦委員會，目的在引發大眾關注克里米亞的過去與現在，這個半島的文化傳統，以及文化認同」。[6] 要瞭解這部小說的主題與風格，不妨看看其注解（此處與後文段落翻譯皆出自本文作者）：

> 不遠的未來。烏克蘭「橘色」當局的恐俄政策激起了一場新的克里米亞戰爭。美國與土耳其「維和部隊」占領了起義的塞瓦斯托波爾。美國核子航空母艦隆納雷根號與美國戰艦愛荷華號打破所有國際協議，駛入黑海。有什麼能摧毀其可怕的四〇六毫米口徑艦炮與強大的裝甲？唯有俄國潛艇飛彈「Club-S」！美國裝甲在飛彈電動力彈頭的強烈轟擊下熔化，愛荷華號的主艦炮炮塔被爆炸的彈藥轟掉，而滌清一切的烈焰把鋼鐵怪物的內部燒盡。俄國海軍陸戰隊員登上航空母艦隆納雷根號，飛翼船亦降落其上。黑海艦隊的登陸艦在莫斯科號巡洋艦掩護下，趕赴支援叛變的塞瓦斯托波爾。[11]

二〇〇九年，薩維茨基又出版了一本所謂的幻想小說，題為《決戰烏克蘭：摧毀三叉戟》（*The Battlefield In Ukraine. Broken Trident*）。耐人尋味的是，網路上沒有他的傳記，我找不到他在何時何地出生，或是任何他的訪談影片。只有一張照片，他來自頓巴斯的注記，以及他的四十七部作品清單。因此我開始忖度，這位作者是個真人，還是一群作者（有鑒於以薩維

茨基之名出版的小說數量之多)?無論如何,以下是對《決戰烏克蘭》一書的描述:

二〇一〇年·橘色納粹引發暴動後,點燃了烏克蘭內戰。在北大西洋公約組織「維和部隊」協助和美國戰機與裝甲車輛掩護下,這些背帶上有著三叉戟標誌的西烏克蘭劊子手(Western Ukrainian punishers)開始消滅俄語人口,[3] 將一座座城市從地球表面徹底抹除。波爾塔瓦(Poltava)付之一炬,第聶伯羅彼得羅夫斯克(Dnepropetrovsk)也遭摧毀。第聶伯河左岸城鎮、克里米亞和新俄羅斯(Novorossiya)紛紛起而抵抗入侵者。俄國以最先進的武器以及志工與軍事顧問支援反抗勢力的戰士……他們將摧毀他媽的班德拉(Bandera)的三叉戟![10][4]

二〇〇九年,貝里津(Fiodor Berezin)的小說《二〇一一之戰:抵抗北約組織》(*War 2011. Against NATO*)出版。二〇一〇年,貝里津的小說在一九九一至二〇一四年在哈爾基夫舉行的「星橋」(Star Bridge)戰爭幻想小說節獲獎。這個小說節用意在連結烏克蘭與俄羅斯,但是只有以俄文寫作的書籍可被提名。以一個文化性質的活動而言,它的評審團組成頗不尋常,主要為哈爾基夫內政學院的成員。「二〇一一之戰」同樣描繪不遠的未來:

不遠的未來。烏克蘭被本國「菁英」出賣,遭到美軍占領。北約組織戰機在空中盤旋不去。羅馬尼亞人占領蛇島(Snake Island),土耳其人登陸克里米亞。「民主」西方賣力對侵

薩維茨基（Georgiy Savitskiy）的《決戰塞瓦斯托波爾》，這些幻想小說都出版在戰爭之前。

略行為視而不見，基輔保持沉默，而烏克蘭軍隊對入侵者毫不抵抗。但是仍有人忠於軍人的職責與榮譽〔此處作者指的是俄羅斯撐腰的分離主義者和俄羅斯戰鬥者〕。北約的鷹式機被叛變的飛彈師部擊落，熊熊燃燒，某個戰鬥機軍團拒不服從基輔投降者的命令，而都會區的武裝抗敵者則使入侵者面對彷如人間地獄的硬仗……[2]

二〇二二年，贏得四個國家文學獎項的貝洛佐羅夫（Mikhail Belozerov）出版了《烏克蘭險棋：戰爭二〇一五》（*Ukrainian Gambit. War 2015*）。他的傳記不難找到，不過，雖然他出生居住在俄羅斯，維基百科卻說他是來自頓巴斯的作家。小說的簡介文字現在讀來已相當熟悉了：

二〇一五年·世界依然陷於危機。西方在阿富汗與伊朗取得的勝利鼓舞下，進占俄國領土，並企圖以抑制其石油與天然氣資源裹挾俄國。政客協商失敗後，世界大戰隨之而起。戰場在烏克蘭。北約國家轟炸烏克蘭的城市與鄉村。西方聯軍部隊在頓內茨克附近停駐，準備進行強攻。為了正當化他們的罪行，占領者什麼挑釁行為都做得出來，他們在烏克蘭製造彷如南斯拉夫的情境，逼近

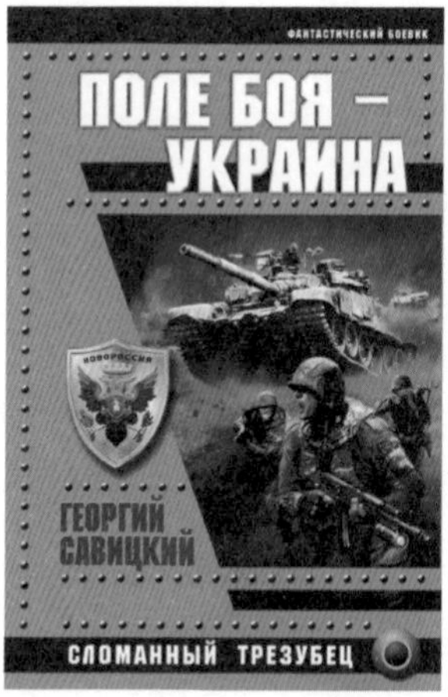

薩維茨基（Georgiy Savitskiy）的《決戰烏克蘭：摧毀三叉戟》，三叉戟為烏克蘭的國徽。

貝洛佐羅夫（Mikhail Belozerov）的《烏克蘭險棋：戰爭二〇一五》，如今這些小說內容讀起來相當有既視感。

俄羅斯邊界，要讓俄國知道誰才是世界真正的老大。此時，薩布魯夫（Kostya Saburov）與 Rentivi 電視臺的團隊來到頓內茨克。薩布魯夫發現自己身處事件中心，戰爭震央，與迫在眉睫的挑釁行為核心……[1]

像這樣的書陸續又出版了一些。自二〇一四年以來，出現一系列關於俄國在頓內茨克與盧漢斯克區域取得勝利的小說，如薩維茨基的《新俄羅斯的怒火》（*Rage of Novorossia*, 2014），《新俄羅斯的直升機飛行員：基輔圍城》（*Helicopter Pilots of Novorossiya. Siege of Kyiv*, 2016），《呼號獵狼犬，燒光班德拉的後代》（*Callsign Wolfhound, Burn Bandera's Bastard*, 2019），以及俄羅斯軍隊在基輔取得勝利的小說，如貝洛佐羅夫的《破壞控制》（*Control Sabotage*, 2015）。情節千篇一律：在不遠的未來，俄羅斯人從烏克蘭納粹手中拯救烏克蘭人，並從四處侵略的美國與消沉冷漠的歐洲手中解放全世界。這些小說通常包含大量的仇恨語言、大國沙文主義、情節不連貫與拙劣的隱喻。儘管如此，有些仍贏得獎項，出現在文學節中，並獲得媒體報導（而且不只是俄羅斯官媒報導，還有《紐約客》雜誌）。

貝里津（Fiodor Berezin）的《二〇一一之戰：抵抗北約組織》

偉大的俄國文學或偉大的俄國大外宣？

二〇一六年一月十六日，《紐約客》刊登與貝里津的訪談。訪問者是希特（Jack Hitt），他顯然懂俄文，因為貝里津的作品從未翻譯為其他語言（上述俄羅斯作者關於俄烏戰爭的作品同樣沒有外文譯本）。訪問以貝里津現在的職業為開頭。以下是希特對他的介紹：

> 貝里津是當地戰士，後來成為叛軍所謂頓內茨克人民共和國的副國防部長，如今負責訓練新兵操作坦克炮。貝里津不像是戰爭的領袖：這一切發生之前，他以「歷史幻想」文類下的科幻小說家為人所知。[3]

訪談中，希特三度強調了貝里津極端的職業轉變——原為作家，現在是戰士。然而，貝里津是專業戰鬥人員。他在一九七七年進入俄羅斯國防部隊防空訓練學校，一九八一年畢業後任防空軍官，先是在哈薩克，繼而在遠東地區。二〇一六年，貝里津成為「頓內茨克人民共和國」副國防部長，名列歐盟與其他地區的制裁名單。這些資訊在維基百科關於貝里津的英文介紹文章都可看到。因此我們可以假設，希特若非沒有為訪談預作準備，就是刻意誤導讀者。事實查核者似乎沒有查核這篇訪談。編輯臺對於提供平臺給一名恐怖分子，並容許他對戰爭發表意見（貝里津與希特稱之為「地方衝突」），似也不覺有何不妥。希特問貝里津這場地方衝突將如何結束。他的回答是：

對頓內茨克俄語人口的最佳結果是基輔（Kiev）政權的徹底毀滅。〔作者注：烏克蘭首都基輔的正確拼音為Kyiv。〕蘇維埃聯邦。那是個特別的文明，如今我為它哀悼。今日的俄羅斯是和美國一樣的資本主義國家——不像蘇聯，蘇聯代表一種新的文明類型，生活在其中你毋須削弱或剝削其他人。我希望有一天它會重生。也許在別的國家。[3]

訪談中，貝里津把自己呈現為預見戰爭的偉大俄國作家。傳統上習稱俄國文學為偉大的俄國文學，但是如卡穆塞拉博士（Tomasz Kamusella）所正確指出，我們不會以同樣方式談論其他國家的文學；沒有偉大的英國、波蘭或德國文學。卡穆塞拉在〈偉大俄國文學之謎〉（Mysteries of Great Russian Literature）一文中，描述了這一用語的起源與使用史。在一名西方讀者眼中，俄國文學確然「被視為擁有某種智慧，以及道德純粹性與美感」。[5] 貝里津利用這一點，將自己描述為先知和世界級的作家：

我以前讀很多湯姆．克蘭西（Tom Clancy）的東西。本地有些出版社稱我為俄羅斯的湯姆．克蘭西。和我一樣，他預言了許多後來成真的事情。他在很久以前出版的《美日開戰》（*Debt of Honor*, 1994）中，描述了一架飛機衝撞正在開聯席會議的美國國會大廈。雖非摩天大樓，但差異不大。在另一本書《總統命令》（*Executive Orders*, 1996）中，他也預言了伊拉克戰爭。[3]

有鑒於俄國文學神祕的偉大性，亦有鑒於貝里津被呈現為職業發生大扭轉的作家（還不是隨便什麼作家，而是作家—先知，俄國的湯姆·克蘭西），這篇訪談的讀者可能傾向於相信，基輔政權的徹底毀滅，真的是對頓內茨克與盧漢斯克地區人民最好的結果。讀者不會查證事實，而由於貝里津的作品從未被翻譯，他們也沒有機會驗證這位俄國湯姆·克蘭西的著作品質如何。但在此讓我至少分享一段摘文：

貝里津（Fiodor Berezin）的《烏克蘭地獄》

—他媽的什麼鬼？美國為什麼是世上最富裕的國家？你以為是因為他們都是工作狂嗎？笑死人了。美國都是些黑鬼跟老墨。他們要怎麼工作？他們連識字寫字都不會。美國有錢是因為他們有印鈔機。大家都知道。美國不是國家擁有，是私人公司。你不知道嗎？天哪！大家都知道！他們就是在那兒印錢買東西。所以他們加油站的汽油才比在俄羅斯便宜。賺一百美金他們成本只要四美分，因為只需要買紙跟墨水。為什麼沒人抗議這個？我就問你，柯洛米葉特。

—我哪知。他們他媽是笨蛋嗎？

—絕對他媽是笨蛋。但還有一件事！美國有十二艘原子航空母艦。如果大家不要再買美金，繼續假裝那是真的貨幣，他們就會轟炸所有人，他媽的賤貨。

—該死的黑鬼！[2]

訪談文章最後，《紐約客》那句高尚的口號跳出來：重要的新聞報導（Journalism that Matters）。我希望因為這段摘要，希特的訪談能更有意義一點。這個案例展現，如果不知道當地脈絡，無法閱讀原始作品，又聽說過偉大的俄國文學，那讀者便會對貝里津的敘事照單全收。讀者會記住他的總結；如果基輔遭到攻擊，你會覺得那是最好的選項，正如那名才華洋溢的作家轉戰士所說的。如果一名俄羅斯政客說基輔應該投降，那會讓人心生抗拒。如果是一位作家和實地參與的戰士那樣說，你不會對他的敘事有太多反彈。尤其若訪談人還補上這位作家是個才華洋溢而單純的人，是個叛逆者，並暗指歐巴馬行事專斷。注意訪談此處的說法：

> 那些反叛者〔頓內茨克人民共和國的人民〕因為在那年夏天擊落一架飛越東烏克蘭的馬來西亞民航客機（事實上是恐怖行為）而遭到怪罪之後（讓人覺得也許這點還未經確認），歐巴馬總統（說得像這是他個人行為）說服歐洲實行經濟制裁，重創了俄羅斯經濟。
> [3] 普丁也撤回許多俄國軍事顧問，讓當地戰士在領導層中擔任高階職位。

這所傳達出的訊息是：歐巴馬利用軟弱的歐州，不公正地懲罰了自由鬥士，但普丁支持當地才能出眾的自由鬥士和他們的認同，儘管這會損害俄羅斯經濟。這個訪談與所謂的軍事

貝里津（Fiodor Berezin）成為獲獎作家後還接受《紐約客》專訪，號稱自己是俄國的湯姆．克蘭西。

小說本身一樣，帶有高度操弄性。更有甚者，上文提及作品的情節、故事線與敘事不斷重複，千篇一律。俄羅斯作者書寫的當代軍事小說描繪俄國在不遠的未來入侵烏克蘭，並將此歸咎於北約組織，最終否定烏克蘭的獨立性。這一切建立在五大前提上：

- 烏克蘭人並不作為一個國家而存在，因此分裂而軟弱。
- 烏克蘭領袖不能獨立做決策。
- 俄羅斯聯邦不會犯下非法行為，它做的是拯救與保護。
- 責任要算在北約組織與美國頭上。
- 俄羅斯是世上最強大的國家，這點也即將為世人所認清。

我們很難不注意到這呼應了政客在上述小說還沒發表前就說過的話。舉例而言，我們來看看〔俄羅斯極端民族主義者與普丁智囊〕杜金（Alexandr Dugin）的訪談（二〇〇六）：「我想，如果烏克蘭加入北約組織，將不可能維持其統一。如果政府當局（此處杜金說當局而不說人民、公民社會等等）表示加入北約組織的意願，這將代表主權國家烏克蘭的終結。我們將撤回對烏克蘭的經濟支持，並先把天然氣關掉。此外，客氣而委婉地說，在這個情況下，莫斯科將不會再約束克里米亞與東烏克蘭的分離主義者。」[4]

俄羅斯當代軍事小說（二〇〇九—二〇二二）與烏克蘭戰爭文學（二〇一五—二〇二二）都描繪俄羅斯入侵烏克蘭的戰爭。儘管如此，我想兩者間的首要差異是，俄國作家書寫的是想像的戰爭（因此作者才不斷選擇以幻想為文類），而烏克蘭作者寫的是真實的戰爭（因此這些作品許多是紀實文學，但並非全部都是；這些作品涵蓋所有文類）。第二個差異是時間觀點。俄國當代軍事小說描繪不遠後的未來（這個時間觀點容許預言與救世主義），烏克蘭的戰爭文學則描繪不久前的過去（這個時間觀點容許回顧與分析，讓創傷經驗被揭示為創傷）。第三個關鍵差異是：烏克蘭戰爭文學是一種回應，俄羅斯當代軍事文學則是先行者——小說先行，坦克隨後。

坦克來了

二〇二二年二月二十四日，凌晨二點，我剛完成自由接案的工作——翻譯某部電影字幕。一邊啜飲薄荷茶（因為我經常失眠），一邊瀏覽推特時，我看到俄羅斯可能會在凌晨四點攻擊基輔的消息。我把手機、行動電源和筆電充上電，下載並閱讀了給平民的戰時城市生存指南（早在二月二十四日以前就放在網路上了，順道一提，上面的圖片很精采）。我把生存指南寄給父母親，不過我真心對我們的國軍有信心，感覺自己受到可靠的保護。（雖然俄羅斯軍事小說將烏克蘭人描繪為軟弱無力，但我們有歷史為鑑，比如洛伊科在《機場》一書中描述的頓內茨克機場爭奪戰〔二〇一四年九月至二〇一五年一月二十三日〕。這本書記述了團結一心的烏克蘭戰士如何奮勇保衛機場二四二天。頓內茨克機場爭奪戰成為烏克蘭軍隊戰鬥精神的象徵，幾座航廈的捍衛者獲得「賽伯格」的暱稱，因為他們的力量超乎常人。）也許多數人都覺得待在家中更安全和受到保護，於是我平靜下來、入睡。兩小時後，我先生把我叫醒，說我該收拾東西了。那是我月經來的第一天，我的下腹非常疼痛。我還感染了新冠肺炎。俄國飛彈正在炮打我們那一區。

「伊利亞打電話來，」我先生說。經過幾年復健後，羅曼的弟弟再次加入軍隊。他告訴我們，軍方知道會遭全面軍事入侵，也有所準備，一切都在掌控中。他又補充說我們不用太過擔心，還把他的舊車借給我們。那是輛一九八〇年出廠的奧迪，有著牛皮內裝。他和戰鬥夥伴在頓內茨克和盧漢斯克的反恐行動中用的就是這輛車。早上八點，我有個十九歲的學生來訊告訴我他加入軍隊了。他說他父親從二〇一四年以來就參與反恐行動戰鬥，而他身為烏克蘭士兵的兒子，必須盡他的義務——保護我們。接著我收到電子郵件通知，我所屬的大學暫停上課。我們家裡沒有太多糧食或飲水，不過我沒有去超級市場，而是幫我和最親近的朋友建了一個聊天群組。從凌晨十二點起我們就開始協調提供援助，與記者聯繫並進行募款，好將物資送到已經加入軍隊的親屬和朋友手上。在腎上腺素幫助下（現在也是），我們連著工作三天，不眠不休也沒好好吃東西，但人總是得喝水。我們必須彼此提醒，因為會感覺不到口渴。研究者稱這一切為群眾動員和全民抗戰。在戰爭時期，身為學者表示我知道如何稱呼這些現象、知道那種感覺為何，也表示我自己成了研究的主題與對象。我所分析的烏克蘭小說中那些痛苦、創傷、坦克、炸彈、流血和死亡，成為我的真實。有些俄羅斯敘事也已成為我的真實。

我的另一個舅舅佩托羅過去三十年來都住在「俄羅斯南部大城」克拉斯諾達爾（Krasnodar），他告訴我不用擔心，普丁很快就會拯救我。平民不會有事，只有官員與戰鬥人員會被對付，反正他們也只是美國的傭兵。我和他分享我手機上的照片時，他告訴我烏克蘭不該想要加入北約組織。我和住在克里米亞占領區的家族友人談話時，他們說我們是納粹，該死，所以對平民百姓的這些轟炸都不算什麼。

俄羅斯全面軍事入侵前，我追蹤文學與媒體中的這些敘事。如今我從親屬口中聽到。由於我已經讀過所有這些敘事，當它們被用在我身上時，那經驗因而沒有那麼難受。我能比較快地辨識出這些敘事，並且不因它們而沮喪，而是獲得資訊。戰爭尚未結束。因此這些敘事將持續以不同形式出現；在不同的語言中，新的敘事將會產生。我們住在全球化的時代，一個帝國毋須跨越疆界就能占領心智，掠取資源。

注意文本中的用語，留心哪些東西一再重複，注意你被問到的問題是如何被提出，因為一個問題的框架方式，可能深刻影響答案，以及話語和文本的走向。永遠貼近真實，不要忽略它或地方知識。問自己作者想要挑起你何種感受——憎恨、恐懼和不信任的情緒都該讓你心生警覺。在烏克蘭被全面軍事入侵的第一七四天。我們修好了那臺老奧迪；伊利亞將在一週後從前線返回，並取得緊急止血創傷繃帶。這一切，不只是故事。

注釋

1 以頓巴斯指稱頓內茨克與盧漢斯克地區是歷來的傳統。然而，烏克蘭學者凱特林娜・札倫博（Keteryna Zarembo）以這兩個地區的公民運動為博士後研究主題，在今年出版的 *Skhid ukrainskoho sontsia*（中譯為烏克蘭旭日東升，Choven publishing）一書中指出，使用這一用語並不適當，並說明其反映的是俄國帝國敘事（包括扭曲歷史、操弄事實等）。期待這本著作很快將以英文面世，在此之前，以英文介紹這本書的影片可在丹尼列夫講座（Danyliw Seminar）YouTube 頻道上觀看：https://youtu.be/Apvwz9E-Tbs。

2 **編注**：這些標注為作者後面所列參考文獻的號碼，以下同。

3 **編注**：根據作者解釋，punisher 是俄語 karateli 的英譯，在俄羅斯的宣傳中經常用 karateli 稱呼烏克蘭人，意指他們既邊緣又暴力，且是一群烏合之眾。

4 **編注**：據作者說明，班德拉經常被俄羅斯宣傳詆毀為會屠殺孩童的納粹，所以當小說作者提到班德拉，意指俄羅斯將扮演解放者的角色，將烏克蘭從恐怖的、會殺小孩的納粹政權中解救出來。

參考文獻

[1] Belozerov, Mikhail. n.d. "*Ukrainian Gambit. War 2015*." LiveLib.ru, last modified August 1, 2022, https://www.livelib.ru/book/1000564450-ukrainskij-gambit-vojna-2015-mihail-belozerov.

[2] Berezin, Fiodor. n.d. "*Voina 2011. Protiv NATO*." LiveLib.ru, last modified August 1, 2022, https://www.livelib.ru/book/1000466010-vojna-2011-protiv-nato-fedor-berezin.

[3] Hitt, Jack. "The Russian Tom Clancy is On The Frontline For Real," *The New Yorker*, January 7, 2016. https://www.newyorker.com/books/page-turner/the-russian-tom-clancy-is-on-the-front-lines-for-real.

[4] Intersecurity.com, n.d. "Deklaratsiia Ryzkoho Samitu Skhidnoho Partnerstva." Last modified August 1, 20200, http://intsecurity.org/stat/vestnik4.pdf.

[5] Kamusella, Dr. Tomasz. 2022. "Mysteries of Great Russian Literature." *New Eastern Europe*, October 21, 2022. https://neweasterneurope.eu/2022/10/21/mysteries-of-great-russian-literature/

[6] LiveLib.ru. n.d."Premyia imeni Liudmily Kozynets." Last modified August 1, 2022, https://www.livelib.ru/award/176-premiya-imeni-lyudmily-kozinets-fioletovyj-kristall.

[7] Martsenyuk, Tamara, Grytsenko, Ganna and Kvit, Anna. 2016. "The "Invisible Battalion": Women in ATO Military Operations", *Kyiv-Mohyla Law and Politics Journal* (no. 2): 171–187.

[8] Maryna Riabchenko, Ukrainska mala proza: suchasna retseptsiia (Chernihiv: Desna Polihraf, 2019), 145.

[9] Rodina, Iryna. 2022. "People of Culture Taken Away by the War (updating)." PEN Ukraine, December 30, 2022. https://pen.org.ua/en/lyudy-kultury-yakyh-zabrala-vijna

[10] Savitski, Georgi. n.d. "*Pole boia Ukraina. Slomannyi Trezubets*." LiveLib.ru, last modified August 1, 2022, https://www.livelib.ru/book/1000396641-pole-boya-ukraina-slomannyj-trezubets-georgij-savitski

[11] Savitski, Georgi. n.d. "*Pole boia Sevastopol*." LiveLib.ru, last modified August 1, 2022, https://www.livelib.ru/book/1000328219-pole-boya-sevastopol-georgij-savitskij.

[12] Stephaniuk, Jeffrey. 2020. "*War Books. Recording the Russo-Ukrainian War in Crimea and Donbas,*" The Euromaidan Press, September 8, 2020. https://euromaidanpress.com/2020/09/08/war-books-recording-the-russo-ukrainian-war-in-crimea-and-the-donbas/.

[13] Wikipedia. n. d. "Belozerov, Mikhail." Last modified August 1, 2022, https://ru.wikipedia.org/wiki/%D0%91%D0%B5%D0%BB%D0%BE%D0%B7%D1%91%D1%80%D0%BE%D0%B2,_%D0%9C%D0%B8%D1%85%D0%B0%D0%B8%D0%BB_%D0%AE%D1%80%D1%8C%D0%B5%D0%B2%D0%B8%D1%87.

It's a beautiful day, and we have all we can ask for
I just hurt myself just to justify my existence.
Night-child, I'm a night-child.
Remember when the music used to move us?
Now we fear the dark in which we used to play.
We've been there, done that, nothing can impress us anymore.
Let the music cover any other sound so that no one can hear us.
I was out last night now I'm worn out.
Like I'm constantly drowning, but thirsty at the same time.
I step forward once, then I step back twice.
I'm not crying, it's all this damn smoke that is to blame.
I pour a glass for two and I drink it all alone.
Who's going to bother visiting my grave at the end?
Come light my cigarette, and let's forget about it.
I hide my loneliness in the crowd, I will never feel abandoned again.

—Mashrou' Leila*

* Mashrou' Leila. "Ashabi" (Comrades). Ibn El Leil (2015). See: https://youtu.be/8R6gIjNDeXQ

香港人往何處去？（李智良攝）

孤寂香港的最緩板

李智良

香港大學比較文學系碩士畢業，曾從事研究助理、翻譯、編輯等工作。著有《白瓷》、《房間》、《渡日若渡海》，散文及小說收入多種香港文學選集，曾獲香港書獎及香港中文文學雙年獎，曾獲邀參加美國愛荷華大學國際作家計畫、日本越後妻有大地藝術祭等駐留計畫。近年於香港浸會大學及香港中文大學兼職，任教創意寫作、文學與電影相關科目。

《逃犯條例》修訂引發的抗爭運動，在國際注視下被殘暴鎮壓。與那些經濟菁英與政治買辦所冀願相違，美國不介意失去一個鄰近中國工廠／市場的自由港，中共亦不能接受國境前沿由「外國勢力」共同管治，香港遂成為博奕中被犧牲的籌碼。讓人出乎意料的，是香港民眾以肉身與意志，發出了渴求自主的吶喊，北京對香港的管治方針經多年反覆終亦全面逆轉，謀求絕對控制。二〇二〇年《港區國安法》通過，警察國安處、中央駐港國安處及港區國安委員會同步成立，其後以「愛國者」為主體的政制「改革」，令《基本法》訂明最終達至全面普選的條文形同報廢。此同期，警察部門預算逐年攀升，保安局首長正式執掌政府，司法機構對抗爭民眾、政黨人士、媒體管理人、工會與社運組織者之秋後清算從未停止；疊加全球大疫，封控、限聚三年。因悼念烏魯木齊火災中喪命的維吾爾族人而起的「白紙革命」，卻間接令中港兩地大部分防疫措施解除，邊境重開，迎來所謂「復常」、「由亂入治」的新秩序……幾年下來，香港的工運、學運與社運組織被取締或自行解散不計其數，「公民社會」全面瓦解，多家傳媒被迫結束營運，企業撤資，移民潮持續，人才大量流失。

二〇一九年發生於香港的社會動蕩，無疑是「一國兩制」實施多年以來，管治與社會矛盾的總爆發，也標記這個海港城市自二戰後，在東南亞／太平洋地緣戰略平衡中所享有的「中間地區」（Inter-zone）或「自由港」地位之終結。隨著俄羅斯入侵烏克蘭的戰爭延續，中俄關係更趨緊密，與美國為首的西方陣營矛盾加劇，香港的角色亦隨之轉變。自開戰以來，在香港註冊之俄羅斯公司數目、經香港輸入俄羅斯的貨值，均明顯上升，令香港跳升為俄羅斯第七大貿易夥伴，經香港進口俄羅斯的訂單中，亦包括能源、半導體、無人機等戰略物資。

無人知道當下香港正經歷的，只是漫長不見終日的一個「黑暗時代」之初始，抑或隨時可以因某種偶發事件觸發，而改寫近代史的「終結的開端」（The Beginning of the End）。全球資本主義的危機正加劇大國同盟之間的矛盾，經濟持續衰退，進步價值與民粹保守政治此消彼長，讓人不難聯想到二戰前的世界局勢，也有人認為香港與鐵幕下的東歐堪可比擬，香港與臺灣有如昔日東／西柏林。現況之敗壞，對香港前景的不同預估，令無數人的人生計畫大幅修改。若說一九八〇、九〇年代的移民潮，源於港人對中共治下香港社會可能發生的衰變之恐懼，冀求在他國取得居留權「買個保險」，今時之移民與逃港潮，則基於過去的擔憂與恐懼已變成真實無疑。

正因二〇一九的抗爭已徹底打破政治與日常的界線，它的後遺也就無法框限在僅作為景觀的「政治領域」裡，而是鑲嵌在日常生活之中。我不知道該怎樣述說幾年來經歷的失語或消沉，好像種種傷害與失落，都來不及指認、哀悼與安放。

我首先想到的，大概是某種「社群感覺」的失落，或是與價值觀、志趣相近的人所分享的連結與歸屬感，漸變得淡薄。我不能確定這種感覺的由來，也許早在二〇一四年或更早，便有一種與時代脫節的感覺。特別是對當時有關本土社運的論述中，一些類近右翼的仇恨話語與排外傾向，或是自由主義者往往忽略階級、社會分配、性別等議題交織，訴諸「自由」與「極權」簡單二分的議程，或是一些沒有檢視殖民壓迫，對舊日香港的保守懷緬，都讓我感覺不安甚至抗拒。無論是反國教、雨傘運動或是其後的二〇一九抗爭中，當我走進遊行隊伍或集會，都無法喊出那些激昂口號，也看不到除了隨著人群向前方走著，可以有怎樣的投入方式。後來街頭抗爭強度升級、規模與組織形式的變化，我亦自覺跟不上，有時也懷疑社運是否都有一種健全主義、行動至上的排他性，抑或是自己無法分享那些被稱為共通的情感。過往以為價值觀相近的朋友，在一些事情上的判斷與取態，「突然」變得南轅北轍，譬如一些朋友，竟會無視白人至上主義、基督教右派，對美國不同種族社群、性少數的壓迫，去為 Donald Trump 支持者辯護，或是一些念過很多書的文藝圈中人，為「黃店」歧視內地人的言論開脫，一些人對非華裔與港漂手足表現的大香港情結也令我很費解。在社交媒體演算法主導情緒的言論場域，流量帶來的象徵資本、人氣與快感荷爾蒙，加上各種失實或片面資訊的快速傳播，讓人陷入一個個迴音室裡，言論往往只需面向同一群想法接近、先入為主的受眾。隨著不少民間團體被瓦解，民間活動空間受壓，各種過往有著社群聚合功能的展演場所、社區空間，或因規避風險而轉趨更低調，能夠讓大家互相看見、可以坦誠開放地交流的場合，也變得愈來愈少，或更趨地下化。也因為每個人對言論與行動的尺度，自有不同準則，卻又未能與人分享各自的恐懼與憂慮的形狀，滋長更多疑懼。

在資訊過載、社群碎片化、內捲的狀態下，即使是認識多年的朋友，也常會覺得跟不上氣氛與話題的變化，漸漸變成疏遠陌生，說不出因由，各種取態背後人人殊異的經驗脈絡、人生選擇與妥協苦衷，亦難以坦誠分享。更甚，昔日把我們連結的共同價值與行事的默契，在新的時勢變化中，突然變成不能明言的溝通障礙，甚至決裂的起點。

另一個讓人難以適應的變化，是城市空間的更嚴密監控。只要不是完全與外界隔絕，每況愈下的事態難免擾動情緒，就算可以不理時事，只要走出家門，就會發現各處街道、車站商場、地鐵車廂、醫院，以至監獄的探訪室，都裝設了更多更高效能的監控鏡頭，即使示威活動已完全被禁止，市面巡邏的警力無論是人員與武裝規格都大大增加。經過三年來以「防疫」為由合理化的限聚與出行管制，私人與公共空間更形疆土化，一度被示威者解放的街道與城市空間，復歸它們通道、消費、生產與私有產權的功能，再加上許許多多為了「防範未然」而加建的粗重圍欄、圍網，甚至一些車站、政府建築與大學校園出入口亦永久封閉，整個香港進一步由監獄的管理邏輯接管。處處被圍困、被監視和不自由的感覺，一旦進入了意識，就很難佯裝它不存在，在有形無形的規訓中漸漸也成為一種內化的身體感，難以擺脫。近年登山郊遊活動之盛行，也可算是對監控城市的逃逸，並重拾身體感覺的自由，山野海灣之美，也無言療癒受創的心靈。

然後是創作與言論的自由大幅消減。近兩三年間，都有遭遇一些自我審查的情況，也聽聞一些荒謬的例子，例如作者受邀演講撰稿，要先約定「不要碰觸任何政治的東西」；行為藝術家要預先綵排「作品」方便主辦方檢討風險；在報館當編輯的朋友，收到明確指示不可提及新疆的強制勞動與「集中營」；「文學散步」活動的導師則被要求更改文本，理由竟是文本「太多廣東話」。自己也經驗過展覽場地主管在開幕前半小時才要求不要展出一張記錄了街上塗鴉的照片，只因它寫著「Free Hong Kong」，場地主管給的理由是「她工作的機構被盯著，做什麼都很多人注視」；也有文集編輯在提交資助申請截止前兩天，才告訴我稿件刪節的篇幅與準則，並一再強調「你那篇已是刪節最少的一篇」；還有讀書會主持人建議，不要朗讀有描述抗爭場景的文章段落，即使那篇作品的主角是一個退出了抗爭的落單青年。提出這些例子並不是為要指責個別的人或機構，而是想點出自我審查的運行方式；它常常以先驗的「危險」（「你也知道現在的時勢⋯⋯」）來合理化一些未經充分討論與研判的單向要求（「這張照片、這個詞句、這個題材可以，但這些不能」），有時還更曉以大義，好像你不妥協，就是麻煩製造者（「如果不是這樣，整個計畫就會拉倒」）。

言論的不自由，也就是思想與行動的不自由。幾乎所有的審查都是自我審查，而不是資助方，也不是公司老闆或官方機構直接否決或禁制，往往是居中的資源管理者、策畫人，揣摩著所謂的紅線與禁區。審查帶來的破壞，不只在於言論查禁或一些作品無法問世，更在於破壞了人們的互信與累積的工作關係。的確，今日香港，時有電影沒法通過電檢處審查不得上映，有漫畫家被警方去信刊登其作品的報館施壓，也有視覺藝術家因有關抗爭藝術的學術研究被上司向國安處投訴，弄得工作不保要離開香港，也有文學作品疑因涉及抗爭題材在公共圖書館被下架、文學獎資格取消，更有工會人士因出版兒童繪本、商人於市集售賣「港獨」刊物而被控「煽動」相關罪名判監。然而，若我們對「風險」只看成零和、有／無，而不是把它看成是一個光譜，要追求「零風險」，我們就應該停止任何創作，甚至不應走出家門或使用電器。這不是說我們應該為了表現激進的姿態不計後果，而是叩問另一種共同進退的可能。

我感受最深的是，「這張照片、這個詞句、這個題材可以，但這些不能……」提出這些要求的往往是自己朋友，或是互相欣賞才會一起合作的工作夥伴。問題似乎在於，出於恐懼，或是自尊，或是權力關係的微妙差異，我們往往無法坦誠溝通，看見彼此研判「風險」的準則與事實基礎，雙方可接受的妥協程度、原委，以至其中牽涉的複雜情緒。今日香港人人可以舉報，任何事都可上綱上線成為「國安」疑慮、動輒得咎的處境，害怕惹上麻煩或拖累身邊的朋友，是正常不過的事；但話說回來，當時勢已然逆轉，卻還希望可以一如既往，繼續向金主／官方／非官方資助機構申領資助，認為只要「多一事不如少一事」，只要懂得規避「碰觸任何政治的東西」就能安然無恙生活下去，是否也是自欺欺人？

是不是有另外一種文藝生產的形式與合作關係，可以更充分考慮到合作各方的意願、憂慮與承擔，從而在更平等的關係中共同商議風險管理的方針，在有限制的條件中做更接近理想的計畫，探討更自主的生產與傳播方式，以及對應的美學可能？而不是互相傳播恐懼，或率先審查自己的朋友與工作夥伴，只求自己感覺安全？因為，畢竟發表了「這張照片、這個詞句、這個題材」，是有可能被警方上門拉人封艇，抑或只是會被上司責難，或是履歷上少一個成功項目、得罪了一些合作夥伴？還是會被親建制傳媒或KOL無事生事抹黑兩天？會被有心人投訴而被國安處調查？抑或只是今次跟這個機構申請不到資助，或是不能在某個場地展演……此種種可能並不會同時出現，也不應因恐懼而混為一談。

最近讀到哈維爾（Vaclav Havel）於一九八四年出獄後寫成的劇作《孤寂的最緩板》（*Largo Desolato*），也許可以引起我們一些反思。講的是一個因其哲學著作，被指干犯了「知識流氓罪」（Intelletucal Hooliganism），隨時會被正式拘捕的教授利奧波德．納托斯（Leopold Nettles）的故事。教授因長期被監視而變得神經兮兮，足不出戶亦寫不出任何文章，整天以為有人會突然闖進他家正式拘捕，不停探看門上的防盜眼，任何聲響都會讓他驚恐。愛戴他的工人讀者、學生與朋友又經常到訪，為他鼓勵打氣，寄予厚望，但他們漸漸變得不耐煩，開始催促他寫更多啟發的文章，甚至送上工廠黨組織的內部文件，希望他利用這些黑材料「主動出擊」。教授軟弱的時候，時常懷緬那些無風無浪，只專注想哲學問題和研究著書的日子，此時政府派來密使，要求他簽署文件，否認自己過去的著作，改名換姓，換取擱置控罪、不予起訴，否則自然會大禍臨頭，「不會讓他好過」。教授沒有答應，但也沒有一口拒絕，要求更多時間考慮，結果他陷入更深的道德危機，神經癥狀惡化，酗酒度日，連家裡的露臺都不敢步出，面對愛戴他的工人讀者、學生與朋友，總是顧左右而言他，又對仰慕他的女學生表現一副孤獨悲苦的模樣，結果被伴侶大罵一頓。此時密使再訪，教授好像有了深刻覺悟，已準備就義，連帶去坐牢的包頭也準備了，密使卻表示他的案件已經擱置，因為他們得悉，教授已經變得對政權沒有威脅。

人若要堅持作為人，固執人的價值，不會只是孤立的個體藉心靈的修練與信仰達成，而更須於社群中，與其他人相遇相知，在真實的關係中實踐、互相看見與肯定，方會成為生活的內核與動力。今日的香港，各種非政治性的小社群也許依然活躍，但也變得比以前隱密，再沒有很多可以隨意加入、暢所欲言的場合，哪怕只是一場藝術家分享、雜誌同人聚會、新書發布會、紀錄片放映，很多都要事先報名，或朋友邀請，確保沒有可疑的陌生人混入其中，活動地點也要保密，自然也不會有影音或文字報導再傳播。很多時，參與這些活動的人好像都變得謹慎，有些字詞必須繞過，有些見聞或經驗不能直言。真實的感受與想法，只保留給更少人、甚至自己才知道。

這兩三年間，好像也一直在道別，每次與朋友碰面，都會聽說誰誰已經或打算走了。每個人都有低調離開、不辭而別的理由，但看著一個又一個認識多年的朋友，與伴侶或舉家離去，卻覺得所失去的是自己的部分——此處，彼處，再沒有人會記得，那些讓我們變成今日的我們，被時光淘洗剩下的舊事、舊情誼。我是那麼健忘的人，若然沒有了這些朋友，便會忘記生命中曾被看見、觸碰過的自己。記憶中的那個城市或對它的複雜感情、它壓印在我們身上的傷痕制約，記憶中的熱情與歌酒，年少輕狂的我們，不會在其他人面前展露的心、笑顏與淚，如今想來已是最好的時光，便都無可憑證。

就如青年作家張嘉倫（Karen Cheung）所言，離開香港，終究不是因為事業或政治環境的變化，而是出於更「個人」的理由：當朋友圈和支援網絡都四散之時便會是自己離開的日子，刻下仍能與朋友碰面相敘的時光，就更像是偷來的。朋友之中，有些本來就是年少時才移居香港的，過了半場人生還是要再次離開，散落在星球的南北。我看著他們沒剩幾件家具的房子，突然那麼空蕩，曾經掛著畫或是書架背後，久沒有露出的牆身一處處卻顯得明亮，地上放著大包小包要送人或丟棄的雜物，盆栽等人認養，另一邊牆下堆著要寄運的紙箱，房子也得割價求售。房子像一件撐鬆了的舊毛衣終於被脫下、卻依舊保留著人形的樣態，也可以想像，朋友連月辦理各種瑣事，又反覆於割捨／牽掛／放下／收拾的心靈疲倦，對下一個「家」還未著落的徬徨。「在家」的一切感覺與器物，拆件分裝，異地重組，不知會丟失幾多？

我不免也會想到，也許有天自己也要這樣把衣物與一切眷戀而瑣碎的，塞進兩三個行李箱……看著眼前顯得輕鬆的朋友，便有點心酸，卻還是不能表現得太感觸。中年未老要移居外國，不是長途旅行也不是工作假期，沒有玫瑰色的濾鏡讓一切看上去很美，更像是把半生勞累所得，左支右絀，押注一個未知的「機會」放手一搏。也可能只是想從很壞的境地逃離，去一個沒那麼壞的境地。要放棄半途事業，離開朋友家人，離開熟悉的生活環境、語言和文化，固然絕不輕易，但與那些被迫流亡，被告被監禁的人相比，實在也稱不上逃難，不捨的心情可能也有抱歉，誰又不是可恨的倖存者與逃兵？也就只能拍一拍肩或擁抱一下，祝福一切順利，找到想過或過得去的生活，期待他日再見。

至於那些因文學工作而認識、以中文寫作為主的文友，不少已先後到了臺灣生活，或是兩邊遊走旅居。我和他們私交不深，也就很難設身處地體會他們要面對的困難與挑戰。隨著離開的年月添增，離散在外的文藝工作者，自然也會和仍然居於香港的大部分人的生活經驗，落差愈益擴大。

身處香港，理應能更準確觀察與記錄這樣一個「時代」，但變化之迅速、惡劣之無下限，卻總讓我感到沒法與耳聞目睹的事情，撐開冷靜觀察的距離，常有無所適從、窒息之感。離散各地的，與留在香港未能／不打算離開的，決意如此或不得已如此，彷彿都只是個人的「選擇」，但現實中由階級、國籍、文化資本等差異，交織而成的生活經驗落差，亦把「我們」重重相隔，並不是信心和意志就能讓我們穿越曲折的邊界，也不是訴諸一個本質化的「香港人」身分，一種曖昧的暗語，品味隨俗的文化圖騰或朦朧的家園想像，就能忽略差異，妄稱之連結。心靈的真實交流，平等、互相養育的社群關係，如何在身體不在場，或嚴密監控的條件下發生？文化的傳承，會否因離散者與留在此處的人們，兩者生活經驗的落差，面臨的挑戰不同而斷裂？抑或，這些都是文學工作者必須要思考，持續以實踐回答的問題？

香港不是幻影，而是有堅實歷史的島嶼。（李智良攝）

「面對幽暗歷史」的多元路徑

記憶書寫、歷史現場與時代轉折下的「人類境況」

座談會紀要

Dealing with the Ambivalent Past

主持　**黃丞儀**（中研院法律學研究所研究員）

主講　**鄭毓瑜**（中研院院士、臺灣大學中文系講座教授）

單德興（中研院歐美研究所特聘研究員）

戴麗娟（中研院歷史語言研究所研究員）

詹素娟（中研院臺灣史研究所副研究員）

蕭阿勤（中研院社會學研究所研究員）

編按：臺灣近年關於白色恐怖與轉型正義的討論已有一定進展，但這段威權時期的歷史在愈加開放的同時，往往困難挑戰也更多，時常造成社會討論的分歧與當機。沒有一個國家的轉型是可以套用他人經驗的，如何從自身已發展的知識學門視野中，再尋求對話與理解的框架，是這場座談會的核心。論壇由中研院法律所研究員黃丞儀與東吳大學政治系教授陳俊宏策劃，於二〇二二年六月十八日舉行，共舉行兩次學術座談，此篇紀要為上午場，由黃丞儀主持，鄭毓瑜、單德興、戴麗娟、詹素娟、蕭阿勤主講。下午場主持者為陳俊宏，張茂桂、俞振華、沈筱綺、林易澄、劉麗媛主講。

黃丞儀：各位現場的來賓、還有線上的參與者大家好，我是第一場的主持人黃丞儀，楊牧在《山風海雨》（一九八七）這本散文集有一篇文章〈一些假的和真的禁忌〉，其中一段寫著：

> 我在這許多不可思議的禁忌，以及猶疑困惑裡，慢慢度完了童年的後半期。似乎確定的，我們的環境果然存在著不少灰暗的意念，一些不允許我們去叩問打聽的話題。有時我不小心聽到人們竊竊講話，細聲傳說某種不快的故事，關於刀槍和監禁，關於血，失蹤，死亡等等。我沒有完全聽懂，但也能意會到那緊張的氣息。

面對二二八之後，肅殺的時代氛圍，他說，「我努力培養自己的情緒，小心護衛著。我想我已經厭倦了刀，槍，和兵的種種象徵。我正處在一個絕對沒有幻想，沒有英雄崇拜的真空狀態。是的，長刀已經斷了，步槍和鍋鏟架在一起；兵呢？兵除了為他們的辣椒和番茄澆肥以外，不知道還做了些什麼。不知道，因為許多事情只在陰暗處發生，解釋，消滅。」

這場座談會，以「面對幽暗歷史的多元取徑」為名，嘗試從人文學和社會科學的不同取徑，去看待曾經發生在歷史陰暗處的一些事情，嘗試去理解面對這些「灰暗的意念」時，人們的感知結構（structure of sensibility）有什麼樣的轉變與沉澱。

如同楊牧記錄了他在童年對於戰爭產生的情緒，他的詩壇好友瘂弦也在回憶錄中回顧少年離鄉的時刻，他說：「人類對於悲劇的承受力是有限度的。」「所謂戰爭損壞的不僅是人類的屋頂，更造成心靈的傷殘。我認為我們經歷的悲劇（兩岸分隔）超出了人類的負荷極限。說得上是悲慘中的悲慘。」他說：「我媽媽病危時，曾對她的好朋友四娘說：『你如見到我娃明庭，你告訴他，我是想他想死的！』硬是徹底的絕望！歷史上從來沒有這麼長、這麼殘忍的隔絕，這麼絕對的隔絕，連書信都不通的。戰爭的驚心啊，小孩子不懂。到了中晚年，愈想愈傷心，愈想愈悲痛。儘管從軍後的六十年在臺灣的日子過得還算平順，但想到老家，想到親人，那傷痛是永遠無法痊癒的。」

臺灣的過去，累積了非常大量的情緒未曾被妥善梳理。這些情緒來自於現實的殘酷與無奈。這場座談會有一個英文標題「Dealing with the Ambivalent Past」。有不少二戰後乃至於一九九〇年代出現的新興民主國家，在處理納粹、共黨或威權統治遺留問的題時，都使用 Dealing with the Past（處理過去），而非「轉型正義」這個比較學術性的名詞。在德國也有一個類似的用語，Vergangenheitsbewältigung，有些人翻譯為「克服過去」或「超克過去」，英文裡是 process of coming to terms with the past，也是「面對過去」的意思。

過去如何面對？過去如何成為歷史的一部分？或許是透過歷史書寫，或是紀念館的設立。但，就如同林易澄在《無法送達的遺書》中描寫郭慶的遺書時，形容那遺書「文字簡單，卻用三枝不同的筆寫成，勾勒出時間的變化和縫隙，提醒那曾經有著日子的重量，有著當下希望能夠傳遞到誰手上的心情，把觀看者帶回那個時間點，說著：這些不是一開始就要被放在人權博物館裡，作為紀念碑的」。過去充滿了強烈的人性考驗和曲折。

漢娜．鄂蘭在《人的條件》（*The Human Condition*，或者翻譯為《人類境況》）這本書說到：「複數的人，也就是在這個世界裡生活、行動和有所作為的人，唯有彼此交談，相互瞭解以及認識自我，才能經驗到意義。」她又說：「在最有限的環境裡，最微不足道的行動，都蘊藏著同一個無限性的種子，因為一個行為，有時候是一句話，就足以改變一連串的行動。」但是意義的展現，是透過敘事的故事。她提醒：「看到故事且『製造』故事的，不是行動者，而是說故事的人。」

這就牽涉到了記憶如何轉化為敘事，敘事又如何成為歷史的一部分。

有關澎湖七一三事件的《一甲子的未亡人》，其中記錄了山東煙台聯中張敏之校長遺孀王培五的一段回憶。在張校長要被移送到臺灣前，有一個負責看守他的年輕士兵跑到張家和王培五說：

「明天天剛亮時，張校長要被轉送到臺灣。」

「載校長的船，明天早上會停在臨時市集的岸邊，我是負責押送他的人其中之一。如果你們要看看張校長，明天早上去碼頭邊就會看到他。」

王培五驚訝之餘，對他說：「年輕人，你快走吧！免得被人發現。我非常感謝你特地跑這一趟，你不需要告訴我你的名字，你不用擔心，我們會保守祕密，沒人知道你來過這裡。」

「謝謝你的諒解，如果我被發現了，只有死路一條。」

這位看守並押解張敏之的士兵，照現在的定義，是不是「加害者」？如果王培五的回憶沒有被記錄下來，我們會不會很容易就對這些執行者「定罪」。而有多少事實，是隱藏在沒有被記錄下來的記憶當中？加害者和被害者之間的關係，是不是遠比我們想像的複雜？

這也是英文標題選擇用 ambivalent 來置換「幽暗」（dark）的用意，在那個「將明未明、曙光尚未出現」的時代，許多互動情境恐怕是曖昧、難以二分的。

這種 ambivalence（曖昧）的情境也會出現在族群認同上面，最明顯的例子就是平埔族群，究竟是屬於漢人還是原住民？在原住民族轉型正義的過程中，平埔族群的身分定位始終曖昧難解。漢番之間，更糾結了文化、歷史和族群的多重議題。當我們面對過去，嘗試理解行為和意義時，可能就是在重新創造出新的敘事，面向未來而生。

這場座談會就將從不同的研究背景和取徑，來探討記憶、歷史、身分認同和族群建構的交錯議題。以下依照發言順序，為大家介紹今天的與談來賓。

首先是鄭毓瑜教授，她是臺大中文系講座教授，曾經擔任過臺大中文系主任、國科會中文學門召集人、科技部人文司司長，也是中研院院士。她的研究專長為中國文學批評、六朝美學、賦學研究、漢語新詩學。

其次是單德興教授，他是中研院歐美研究所特聘研究員，曾經擔任歐美所所長、國科會外文學門召集人、中華民國英美文學學會理事長和中華民國比較文學學會理事長，研究專長為英美文學、比較文學、文化研究、翻譯研究。

接著是戴麗娟教授，她是中研院歷史語言研究所研究員兼副所長，目前也是科技部歷史學門召集人。戴老師是法國巴黎高等社會科學研究院歷史學博士，研究領域為十九、二十世紀法國史，尤其著重於人文社會科學史、自然科學史。除了學術論文外，曾翻譯法國歷史學家皮耶・諾哈（Pierre Nora）主編的《記憶所繫之處》（*Les Lieux de memoire*）。

再來是詹素娟教授，她是中研院臺灣史研究所副研究員，曾任總統府原住民族歷史正義與轉型正義委員會委員，現任臺灣平埔原住民族文化學會理事長。研究專長為族群史、史學理論、原住民史。

最後是蕭阿勤教授，他是中研院社會所研究員、臺史所合聘研究員，曾擔任社會所副所長。研究專長為文化社會學、政治社會學、民族主義、族群政治，著有《重構臺灣：當代民族主義的文化政治》等書。

相信今天的座談會必定相當精采。我們就歡迎第一位與談人，鄭毓瑜老師。

鄭毓瑜：謝謝丞儀的邀請，其實我並沒有針對這個主題做過研究，一開始我非常猶豫，後來答應了，是想到可以來聆聽在場其他同仁從不同領域提出精采的發言。今天我的發言內容也許可以說是「『幽暗』的啟示」，我會從古典文學出發，然後來看看當代的書寫會怎麼樣跟古典文學裡面的人事物，進行某種程度的對照或者反思。

首先，古典文學可能是在場很多人比較不熟悉的領域，我要非常簡單地說明。中國古典文學是一個同質性很高的傳統，除了我們常常知道的格式格律之外，更重要的是，它在歷史的長流會累積很多我們以前念書常常聽到的典故、短句或者是成語，同時它又會不斷擴張，把相關的人事物類比進去，所以就好像從前的類書（或像我們現在的百科全書一樣），是具有建構原則的知識寶庫，所以書寫的人如果很熟悉上手的話，其實很容易埋設一些相關的線索，很輕易就能引起讀者的回應。

一九〇五年科舉制度廢除以前，這是所有中國知識分子讀書、作文的必備材料，也是今天我們的主題，所謂記憶書寫一定要使用的資料庫；因為從這個資料庫裡面，知識分子可以重新描

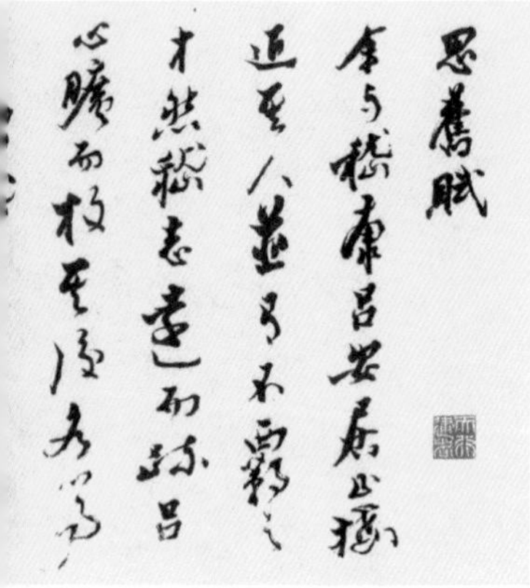

臺靜農書寫的〈思舊賦〉（出自《靜農書藝集》，臺大劍授權）

述、組合、再製，而且尋求理解，所以，所謂「古典」並不停留在古代，而是一個歷時性的流動傳統，具有個人主觀性，同時也具有集體性以及社會功能的一個表述體系。

在這套表述體系中，菁英知識分子的抒情言志，尤其與君主制度下的君臣關係密不可分，在晚清提出君主立憲或民主共和之前，有志之士的願望與失望，大抵繫於君王一人及其親信的好惡與善惡；即便設有諫議、拾遺、御史大夫等勸諫職官，仍取決於君王個人之道德與判斷，因此士人所謂「失志不遇」這樣無法實現理念的憤懣挫折，在史書裡比比皆是。歷史上雖不乏忠臣、義士或烈士，似乎形成一種「道／勢」或「群／己」的持續拉鋸，但是無法以當前的正義、公理的概念去理解與評判。

然而，古今制度或知識經驗的差異，並不表示就能忽略當前漢語書寫作為文化實在物的事實。尤其是跨時代的書寫主體反覆引用的人物、事件、典故，透過古今相互詮釋，彷彿是時間長河中最深遠的重層對話；這些對於情感、記憶與各種理念價值於跨主體間的推敲與交織，正形成了漢語文化中最生動的提問、吶喊與回應。

我今天會提到屈原、向秀、陸機、庾信等不同面向的文學表現，並且與當代的臺靜農老師、陳世驤先生、徐復觀先生以及楊牧老師的書寫與研究進行交錯對話。持續書寫中的古典傳統正可以提供當前立法或政策推動的「轉型正義」上，未必能深入顧及的複雜人性、難以捉摸的意圖，以及表現上隱晦交加的記憶／技藝，從而呈現這個古典的抒情體系，怎麼樣傳承以及如何被更新。

「黑／白」二分

在中國文學史上，《詩經》大部分篇章的作者是無名氏，屈原被認為是中國文學史上第一位作者，他很自主、很自覺地表現主觀的情志與想像。屈原有個名句大家一定都聽過，他說：「舉世混濁而我獨清，眾人皆醉而我獨醒。」司馬遷就說屈原這樣的志向真的可與日月爭光。東漢的王逸就把離騷稱為〈離騷經〉，並詮釋這篇經典的書寫模式：

> 離騷之文，依詩取興，引類譬喻。故善鳥香草以配忠貞，惡禽臭物以比讒佞，靈修美人以媲於君，宓妃佚女以譬賢臣，虬龍鸞鳳以托君子，飄風雲霓以為小人。其辭溫而雅，其義皎而朗。（王逸〈離騷經序〉）

如此〈離騷〉中可以分為兩類意象，我們最熟悉的就是香草美人，香草美人都是好的，然後那些飄風、雲霓、惡禽、臭物都是不好的，很容易形成黑白二分的比興體系，再加上因害怕香草枯萎、美人遲暮而來的時不我予、時不可逆的「悲秋」情懷。於今看來，好像是很制式的表現方式，卻因為作者反覆的模擬與詮釋者有意的聚焦，成為後來知識分子抒情明志、自我標舉或是澆灌胸中塊壘最主要的格式典範，不論是擬騷、反騷或廣騷，都可說是作者與屈原持續進行的心靈對問。

中間狀態

但是我們想一想，是不是所有人都可以把自己活成唯一的光亮？你其實很難想像，人可以活在非黑即白的極端世界，接下來以向秀為例，我想講一種生存的「中間狀態」。翻閱《晉書．向秀傳》，可以發現占主要篇幅是一篇很短的賦，〈思舊賦〉。向秀活在《晉書》所說「魏、晉之際，天下多故，名士少有全者」的時代，竹林七賢中嵇康、向秀與好友呂安一起避居山陽，打鐵維生，旁若無人，以為可以遠離政權更迭的災厄。但嵇康、呂安還是被殺了。而真正的黑暗是從他們被殺以後，向秀成為倖存者才開始的。所以整篇〈思舊賦〉其實是一首招魂曲，那裡面至少有三種聲音，第一種聲音可能是大家知道的〈廣陵散〉，嵇康臨死之前彈奏〈廣陵散〉，還是非常悟理自在的樣子。第二種聲音就是向秀特別回到山陽舊居找尋往日的光景，在黃昏時聽到鄰人的吹笛聲。第三種聲音是〈思舊賦〉裡最特別的，它用了許多表示身心動作的動詞，比如這幾句：

> 瞻曠野之蕭條兮，息余駕乎城隅。踐二子之遺蹟兮，歷窮巷之空廬。
> 嘆黍離之愍周兮，悲麥秀於殷墟。惟古昔以懷今兮，心徘徊以躊躇。

不論是瞻望、走踏、悲嘆、暫停，都好像是與心徘徊的腳步聲。這三種聲音構成了〈思舊賦〉的情動節奏，形成超越簡短文字的召喚與迴盪。〈思舊賦〉很難說是慷慨陳詞，反而凸顯了倖存者無法言宣的雙重告別，告別嵇康的同時，也是向秀告別了當年與嵇康同遊的自己，以及那個不再回來的彼此相知的時光。

思舊之後，向秀成為敵人（晉朝）的臣子，餘生只是沒有靈魂的形跡而已。死亡如果是黑暗，那麼活下來的這一邊並不是光明，在忠臣、義士、烈士或隱士之外，向秀選擇了「連向秀以及這個時代也一起忘記」的這一種。魯迅後來為紀念一九三一年二月，五位同時遇害的青年作家，想起從前不懂向秀〈思舊賦〉才剛要開始說為什麼就結束了，現在終於明白，因為：「我只能用這樣的筆墨，寫幾句文章，算是從泥土中挖一個小孔，自己延口殘喘，這是怎樣的世界呢。夜正長，路也正長，我不如忘卻，不說的好罷。」魯迅這篇文章因此有了這麼矛盾的名稱〈為了忘卻的記念〉，如果要記得為什麼忘卻，如果忘卻又為什麼要記得，這個複雜的心情跟向秀是一樣的。

魏晉南北朝因為戰亂流離、政權更迭快速，當時許多人事物，成為描寫重重憂患最豐富的共享記憶庫，即便到現當代仍然是知識分子感時憂國的憑藉。二十世紀以來，尤其是一九四五、一九四九年在國府來臺與兩岸分治以後的臺灣，我們可以發現更多樣的例子。我想大家都知道白先勇老師就有一篇短篇小說，題名為〈思舊賦〉，既名為思舊，好像是在講過去的轟轟烈烈，可是不然，整篇小說裡最讓人觸目驚心的其實是上一代的轟轟烈烈並沒有辦法解救下一代的悲慘。

除了文學創作，在其他藝術體類的表現上，比方臺靜農老師的書法。臺老師常寫東漢末年王粲〈登樓賦〉，魏晉之際向秀〈思舊賦〉以及南朝庾信〈哀江南賦序〉。大家都說臺老師的書法是鐵筆銀鉤，就好像鐵絲線特意去彎曲，也有人認為它很像大樹底下的盤根錯節，總在線條筆墨之間表現扭曲的力道，好像透過紙面浮現一種無聲的吶喊。

另一種雄辯

臺老師有研究論文〈庾信的賦〉，認為〈哀江南賦〉之於六朝，即如屈原〈離騷〉之於先秦。庾信原是南朝蕭梁宮中極見賞受寵的臣子，史書記載「父子（庾肩吾、庾信）在東宮，出入禁闥，恩禮莫與比隆」（《周書．庾信傳》），卻在侯景之亂奉命守朱雀橋時撤軍逃走，後來奉命出使西魏，西魏卻攻破了梁元帝所在的江陵，從此歷仕西魏、北周的庾信，成了不能堅守氣節的亡國之人。到了明清之際，不戰而逃、身仕北朝的庾信，正好被借用來批評入清為官的貳臣，而沒有赴死、又不隱居，更被全祖望罵為「無恥」之徒。但是我們也不要忘了，詩聖杜甫說「庾信平生最蕭瑟，暮年詩賦動江關」（《詠懷古蹟五首．其一》），說他的筆力雄健、說他的作品規模宏闊，說他晚年沉痛的鄉關之思，讓人同感庾信悲涼蕭索的生命轉折。換言之，「哀江南」的論述除了地理空間上的鄉關之思，除了糾結個人於改朝換代中的去留、生死抉擇，其實還有一種文學創作上自我完成的價值。

我的問題可能和大家一樣，文學成就與殉死守節如果放在同一個天平，我們到底要怎麼衡量，兩者是等量的嗎？我想這問題大家都很難回答。但是杜甫以後見之明，提供一種重新看待的角度：當庾信以繁複的典故、富麗的文采，寫南朝蕭梁的衰亡史，當他以〈哀江南賦〉引發歷代的共鳴，包括慚愧、悔恨、辯解、傷心，甚至帶有一點閱讀後鎮痛效果的，這是不是也是庾信？

庾信沒有殉死，卻以〈哀江南賦〉反覆被記起、被討論、引以為證，這樣的心情是如何扭曲、抑鬱，我想在兩岸深受監禁、監視之苦的臺老師最能同情理解。當臺老師於溫州街的歇腳庵，

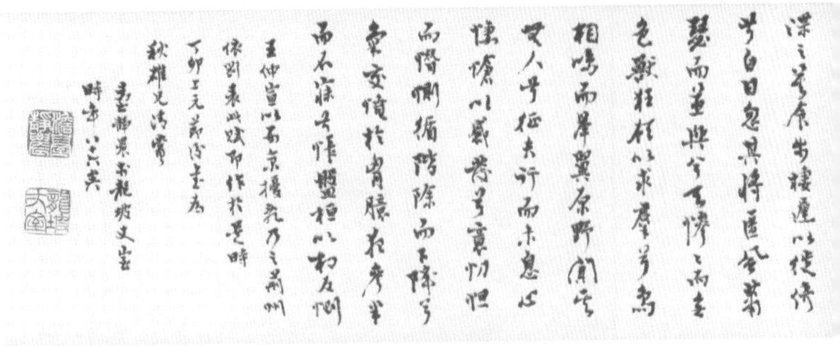

臺靜農書寫的〈登樓賦〉（臺大中文系提供，臺大釗授權）

在紙面上一筆一畫，銘刻後半生的時候，他是不是也在跟自己多難的一生相互對話、拉扯，甚至企圖透過創作，深化自己與現實離散對話的層次？

同樣的，在一九四八年稍微早一點，當時已在美國任教的陳世驤先生，發表了陸機〈文賦〉英譯，序文名稱是 Literature as Light against Darkness，文學作為對抗黑暗之光，他表彰陸機是中國文學創作論的第一人。從歷史上看，陸機一家三代是三國吳的重臣，吳國被西晉滅亡後，陸機與陸雲兄弟二人至敵對陣營西晉為官。可是陳世驤先生沒有這樣看，他還給陸機在中國文論史上最關鍵的位置。一九五八年元旦，在一九四九大變局八年後，徐復觀、牟宗三、唐君毅、張君勱，共同提出〈為中國文化敬告世界人士宣言〉，作為陳世驤至交的徐復觀，後來也寫了〈陸機文賦疏釋初稿〉一文。陳世驤和徐復觀兩人的學生楊牧，並列陳老師的英譯、徐老師的文章以及他自己的校釋，出版了《陸機文賦校釋》這本書。如果陳世驤、徐復觀是因為流亡海外、四顧蒼茫，而發現了陸機於黑暗政局中締造的文學幽光，那麼楊牧呢？徐復觀曾經說文化只有在得到「啟發」的時候才加以傳承，而因為有所啟發才能談「開創」。那麼，楊牧是怎麼由古典獲得啟發？

楊牧是出生於一九四〇年的臺灣人，研究詩經、楚辭、唐詩、晚明詩文，以及臺灣現當代文學，也是北美比較文學、漢學教授，更是身經日治、國府來臺，也充分擁有西方文化體驗的臺灣人。這些非單一的背景，說明對於黑暗與光明的體會並非來自單一的認同取向，文學所表現的沉痛可能召喚不同時空背景的任何人。我非常同意戰爭、離散、政權轉移是談論幽暗史與傷痛史很好的切入點，可是真正成就學術與創作更關鍵的是擺脫既有架構的反思與洞見。

完整的空虛

楊牧師從徐復觀、陳世驤先生，然而系列研究中明顯出現與兩位先生對話的跡象。從博士論文《詩經：套語及其創作模式》（*Shih Ching: Formulaic Language and mode of Creation*）開始，持續進行中國早期古典文學研究，但是與徐復觀、陳世驤如同孤臣孽子來進行中國文化之認識與肯定並不相同。自一九六六年進入柏克萊，美國學生在廣場上的雄辯與憤慨，讓來自戒嚴時期臺灣的楊牧無比羨慕也受到感染，在這時期的散文裡，就曾經以調侃的語氣寫下「周武王正在誓師閱兵，曰：『嗚呼，西土有眾，咸聽朕言』，準備渡河去血流漂杵」了，短短兩句話出自《尚書》〈泰誓〉、〈武成〉，語氣中卻明顯以當時的親身體驗而對於古代文明或經典失去了信心。

「武王伐紂」、「牧野之戰」是中國文明史上的大事，楊牧的懷疑不安，最早表現在新詩創作：

這正是新月游落初雪天之際
我們傾聽赴陣的豐鎬戰士
那麼懦弱地哭泣
遺言分別繡在衣領上，終究還是
沒有名姓的死者——
孀寡棄婦㪺麻如之何？當春天
看到領兵者在宗廟裏祝祭

宣言一朝代在血泊裏
顫巍巍地不好意思地立起（楊牧〈武宿夜組曲〉）

徐復觀認為周初是中國歷史由幽暗神祕，迎來人文精神覺醒的黎明期，楊牧則反過來藉由豐鎬來的懦弱戰士、最後無所依傍的寡婦，冷冷道出周王朝「不好意思地立起」，所謂聖王與仁德的典範至此需要重新思考，也對於一連串歷史紀錄充滿嘲諷。這不但是對編寫歷史記憶的意圖提出質疑，同時也深深領會人性中所謂仁愛或殘暴可能就是在一念之間。

黑暗與光明並非絕對，那麼我們需要一種隨時警醒的抵抗，一種無法輕易被編派、被定案的理解。楊牧討厭絕對無趣的「ㄅㄆㄇㄈ」，不能忍受訓導組長說「臺語，日語，都一樣，全是些無恥亡國奴」；但是他也同情地理解來自中國文人世家的馮老師，輾轉到了臺灣花蓮，彷彿漂泊到「異國」那麼痛苦悲哀。怎麼選定立場？在血緣或省籍問題裡，公理與正義又怎麼會有標準答案？要選擇來自華北的鄉音，還是海島的日本童謠？（〈有人問我公理與正義的問題〉）這其實是理論觀念無法分解或隨意增減的現實問題。對於成長在嚴禁方言的我們這一代來說，更能理解語言不只是便利溝通的拼音符號，不只是武斷化約的身分標示，而是如何被同等對待、合理尊重，並且事關一種能運用最熟悉上手的聲腔在自己成長土地上開口說話的自由。

楊牧不必是國族存亡下的文化遺民，他說「我的詩是為人而作」。這某種程度表示，詩不是事件的複製或反映，而是在人與人之間、在多元變動的表述之間，持續進行的對話交涉，「詩」與單一認同或立場選擇不能畫上等號。像楊牧所說「我需要一個完整的空虛」，「一個我能夠擁

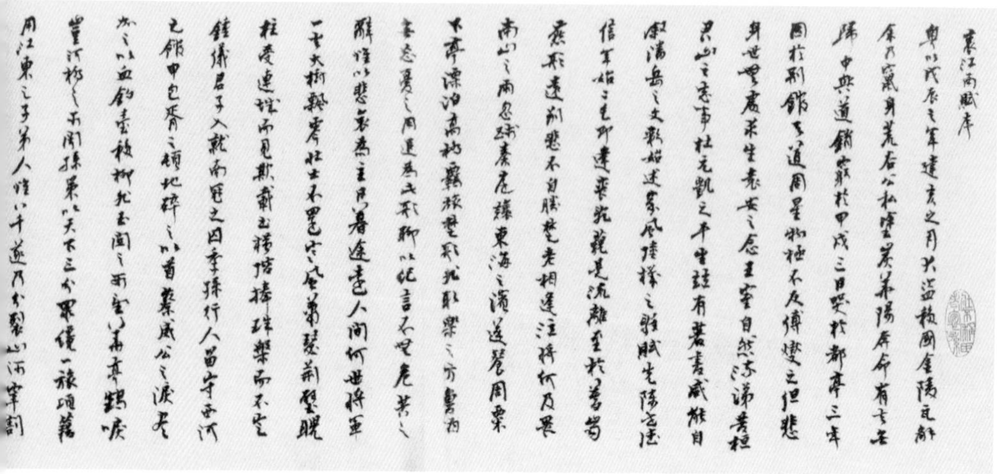
哀江南賦序
粵以戊辰之年建亥之月大盜移國金陵瓦解余乃竄身荒谷公私塗炭華陽奔命有去無歸中興道銷窮於甲戌三日哭於都亭三年囚於別館天道周星物極不反傅燮之但悲身世無處求生袁安之每念王室自然流涕昔桓君山之志事杜元凱之平生並有著書咸能自序潘岳之文彩始述家風陸機之辭賦先陳世德信年始二毛即逢喪亂藐是流離至於暮齒燕歌遠別悲不自勝楚老相逢泣將何及畏南山之雨忽踐秦庭讓東海之濱遂餐周粟下亭漂泊高橋羈旅楚歌非取樂之方魯酒無忘憂之用追為此賦聊以記言不無危苦之辭惟以悲哀為主日暮途遠人間何世將軍一去大樹飄零壯士不還寒風蕭瑟荊璧睨柱受連城而見欺載書橫階捧珠盤而不定鍾儀君子入就南冠之囚季孫行人留守西河之館申包胥之頓地碎之以首蔡威公之淚盡加之以血釣臺移柳非玉關之可望華亭鶴唳豈河橋之可聞孫策以天下為三分眾纔一旅項籍用江東之子弟人惟八千遂乃分裂山河宰割

有的空虛，讓我思索，衡量，讓我回到本來那一點，無意志的自己，甚至也不熱衷，不好奇。」如果可以有更寬容與開放的心態，不自作主張，也不將自我主張強加於他人，也許就更能體會與揭露彼此矛盾、並不和諧的「複數黑暗」。

黃丞儀：謝謝鄭老師，在「完整的空虛」之後，請單德興老師分享，謝謝。

單德興：謝謝黃老師邀請我參加今天的「『面對幽暗歷史』的多元路徑：記憶書寫、歷史現場與時代轉折下的『人類境況』學術座談會」。根據原先的「學術活動計畫書」，這個計畫有意「透過不同學科的觀點，提出各種思考角度，跳脫既有的轉型正義論述框架，以『面對幽暗歷史』（dealing with the ambivalent past）為主題，希望可以跳脫單純的法條規定或制度設計，以人類境況（human condition）為基礎，從人文社會脈絡去理解歷史現場當下面對的生命抉擇」。這個取徑我高度肯定。至於「在學科化的人文社會知識領域，是否可能整合出一個共同的理解框架」，個人認為就我國目前的社會環境與知識條件，還有相當大的努力空間。正因為如此，不同學門的學者各依自己的專長，「提出面對『幽暗歷史』的各種思想資源」更屬必要。我個人的研究領域與家庭背景跟這個題目有些關聯，先前也寫過一些文章。今天我的題目是「正義．文學．再現——『面對幽暗歷史』之我見」，從外文學者的角度，提供一己之見，利用這個難得的機緣，就教於現場與線上的學者專家以及關心這個議題的聽眾。

「轉型正義」翻譯的移入

「轉型正義」一詞現今在臺灣大家已「耳熟」，但未必「能詳」，甚至可能有些誤解。璐蒂・泰鐸（Ruti G. Teitel）的 *Transitional Justice* 是這個重要議題的代表作，原書於二〇〇〇年出版，二〇〇一年鄭純宜的中譯本就出版了，可見臺灣對於這個議題之關切以及反應之迅速。中譯本二版於二〇一七年出版，顯示這個議題的熱度不但不減，反而隨著臺灣的政治情勢與社會發展，吸引更多人的關注——以及難免的憂慮。對於重視翻譯的外文學者而言，前後兩版在翻譯上的區別，特別值得注意。初版的書名為「變遷中的正義」，二版時易名為「轉型正義」，在正文中出現時則是「轉型期正義」，並加了以下的按語：

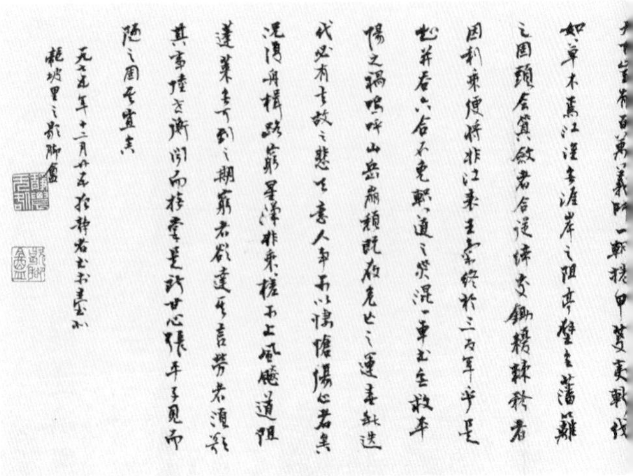

臺靜農書寫的〈哀江南賦序〉（出自《沈鬱、勁拔、臺靜農》，臺大釗授權）

> 編按：「transitional justice」原指社會走向自由化和民主化的過渡時期當中的正義問題，不過後來學界譯為「轉型正義」而有誤導之嫌，不過由於該用法已經約定俗成，是故在書中保留這個譯名。另一詞「transformation」才是「轉型」的正解，在本書中多處出現，因此文中「轉型」的原文可能有「transition」和「transformation」這兩個意思，謹此說明。（頁九）

換句話說，在此書中譯的過程中，這個最具關鍵性的專有名詞至少出現了「變遷中的正義」、「轉型正義」、「轉型期正義」三個不同譯法，前後兩個譯法比較貼近原意，而中間那個「約定俗成」、流傳最廣的譯法，卻容易讓人忽略所指涉的是「變遷中」、「轉型期」、「過渡時期」，以致「有誤導之嫌」。這點黃丞儀與汪宏倫諸位學者都討論過。因此，這個關鍵詞的原文定義明確，但在中譯、傳播時卻產生了曖昧空間，是因為翻譯而理解，或因為誤譯而歧異？面對這種「橘逾淮為枳」的現象，到底應堅持忠實於本意，抑或肯定其因地制宜而增加了在地性、多樣性，不僅是翻譯界，也是學術界、思想界時時面對的問題。然而，就人類存在的境況而言，正義並不僅限於自由、民主轉型之後，而是普世的現象。

西洋文學傳統裡的正義觀

以外文學者的角度而言，文學來自人生，反映人性，如果追尋正義是人類的基本境況，那麼在文學中屢見不鮮也就不足為奇了。記得初進大學時，「文學作品讀法」的入門課就提到：「No conflict, no story.」（沒有衝突，就沒有故事），而情節則由起始的人物設定與背景鋪陳，一路發展，到衝突，高潮，而終局。簡單來說，文學涉及三觀——人生觀、價值觀、世界觀——的衝突，包括對於正義的不同看法。

以往有關轉型正義的探討多從政治、法律、社會等角度切入，其實文學包羅萬象，在文學研究中，「文學與法律」或「再現政治學」（politics of representation）也早蔚為大宗。有關文學在轉型正義中的作用，杜布（Siphiwe Ignatius Dube）在〈規範性之外的轉型正義：政治轉型的文學理論芻議〉（Transitional Justice Beyond the Normative: Towards a Literary Theory of Political

Transitions）一文中指出：

> ……〔虛構性敘事〕能夠揭示一些明顯的議題，而這些議題是僅僅集中於轉型正義的經驗與政治面向的學術可能輕易就忽略的。不僅如此，虛構性敘事也可以開啟公共論述，紀念過去，在讀者中激發同理心，從而更令人信服地牽引讀者涉入他們的奮鬥中。（頁一九六）

對正義的關切與要求舉世皆然，由於時間限制，底下僅從西方文學傳統舉若干例證。在希臘史詩《伊里亞德》（*Iliad*），特洛伊戰爭之所以發生，是因有人違反作客之道並羞辱主人，其他盟友出面來尋求公道；《奧德賽》（*Odyssey*）則描述希臘將領奧德修斯（Odysseus）在十年征戰結束後，如何歷經十年海上漂泊冒險回到故土，將欺負其妻兒的惡人全數殲滅，重建家園。希臘悲劇《伊底帕斯王》（*Oedipus the King*）的主角固然是因為命運捉弄而殺父娶母，處境令人同情，但依然必須為自己犯下的罪行付出代價。《安蒂岡妮》（*Antigone*）則呈現國法、親情與愛情之間的衝突，後來落得人亡、家破甚至國危。至於希伯來傳統中，《聖經．舊約》裡的「以眼還眼、以牙還牙」，以及《新約》強調的悲憫與寬恕，都是大家所熟知的。

再以莎士比亞的作品為例，四大悲劇《馬克白》（*Macbeth*）、《哈姆雷》（*Hamlet*）、《奧賽羅》（*Othello*）、《李爾王》（*King Lear*）無一不與正義密切相關。《威尼斯商人》（*The Merchant of Venice*）中，放高利貸的猶太人夏洛克（Shylock）令人不齒，他的敗訴的確大快人心。然而當他控訴自己長年受到基督徒歧視、嘲笑、壓迫，一切都只因為他是猶太人，並痛心質問：「猶太人沒有眼麼？猶太人沒有手，五官，四肢，感覺，鍾愛，熱情？」（Hath not a Jew eyes? Hath not a Jew hands, organs, dimensions, senses, affections, passions?, III, i，梁實秋中譯），讓人深切感受到他不只是一個惡人（villain），也是飽受歧視的受害人（victim），他的心理與行為其來有自。由此可見莎士比亞之所以特殊、偉大，就在於深入觀照人性的錯綜複雜，發掘內心的幽微隱晦，而不以黑白分明的二分法來看待人情世事。至於他的最後一個劇本《暴風雨》（*The Tempest*），劇中癡迷於魔法的主人翁遭到篡位，與幼女被放逐到孤島，後來因為暴風雨，伺機運用魔法處置對手，到頭來選擇寬恕當初的仇敵，以大和解告終。由以上簡述可知，莎士比亞的劇本縱然高潮迭起，但最終的目標在於解決衝突，伸張正義，恢復秩序。

正義往往涉及歷史與回憶，如何確認事實，瞭解真相，進行詮釋？事不易清，理不易明，文獻是否足夠、可靠，有無可能形成共識，或只是淪為各取所需、各說各話？綏夫特（Jonathan Swift）在《格理弗遊記》（*Gulliver's Travels*）第三部提到，格理弗來到一個奇異的國度，在那裡可以把死者召來，而且他們有問必答，不會說謊。他知道後非常興奮，原本以為藉此得以一窺歷史真相。誰知死者所言卻與文獻記載大相逕庭，令他震驚。這雖是小說家之言，卻也有引人深思之處。

至於如何面對歷史的創傷或創傷的記憶，諾貝爾文學獎得主石黑一雄（Kazuo Ishiguro）的*The Buried Giant* 提出值得深思的弔詭。本書於二〇一五年出版，同年臺灣就有楊惠君的譯本，次年中國大陸則有周小進的譯本。有趣的是，臺灣譯本別出心裁，意譯為《被埋葬的記憶》，而大陸譯本直譯為《被掩埋的巨人》。全書的情節架構套用了中世紀亞瑟王的騎士故事，但呈現的卻是如何面對創傷記憶，也就是說，已經埋葬、為人淡忘的血腥記憶，是要繼續掩埋，讓大家相安無事？還是要挖掘、揭露真相，而可能引發仇恨，兵戎相見？

此外，便是平時與戰時（非常時期）的法律正義的問題。十九世紀美國作家梅爾維爾（Herman Melville）的遺作《比利·包德》（*Billy Budd, Sailor*, 1924）是這方面的代表作。我當初在臺大外文研究所的碩士論文就是討論這部作品。書中的背景是在戰時，年輕俊美、天真善良的男主角在一艘戰艦上服役，遭到邪惡的上級誣陷，船長找兩人來對質，懵懂無知、笨口拙舌的他一時無法為自己分辯，情急之下一拳打死對方，於是船長召開緊急軍事法庭，判定罪名成立，當處絞刑，並於次日清晨執行。作者把行刑的情景描寫得有如升天。百年來對於這部作品的解讀主要分為兩派，起初一派主張作者在晚年接受人間是邪惡不公的事實，因此這部作品是「A Testament of Acceptance」（順受的證言）。後來一派持相反論調，認為作者晚年縱然認知了人間有邪惡不公，但不屈從，而是加以反抗，因此這部作品是「A Testament of Resistance」（反抗的證言）。當時年輕氣盛的我則提出不同的看法，認為這兩派批評家的看法糾結於世俗的是非善惡，而作者晚年心境超脫，既認知世間原本就存在著不公不義，善良者在其中難免會受到陷害打擊，然而到頭來天真純潔終能超越世間善惡，因而提出了「A Testament of Transcendence」（超越的證言）的詮釋。造成這許多不同詮釋的原因之一，就是遭誣陷者，即使被認定有戰時犯上罪行，是否必須立即處死？由此可見，即使是一部作品，其中涉及的公理正義也允許不同、甚至對立的詮釋。

公理正義與典範轉移

對於公理正義的看法，也隨著時代的演化與觀念的變遷而改變。最明顯的就屬一九六〇年代的美國社會運動，強調從種族（Race）、階級（Class）、性別（Gender）的角度檢視傳統的價值觀，包括重新評估文學與文化。在文學方面最明顯的就是族裔文學的崛起，像是美國原住民文學（Native American literature）、非裔美國文學（African American literature）、亞裔美國文學（Asian American literature）等。女性意識的提升，也更重視女性文學與相關議題。這些都令人對美國文學與文化大為改觀，拓展了人們的視野與胸襟。

當然，後殖民論述也造成人文與社會科學研究的典範轉移。我在一九八〇年代接觸到後殖民論述，也翻譯、研究過薩依德（Edward W. Said），讓我眼界大開。個人認為薩依德的論述中很重要的啟發，就是強者與弱者之間的權力關係（power relationship），以及再現（representation）的問題，其中包括薩依德指出的西方如何看待、再現與宰制東方，或者擴而言之，如何看待異己，也就是自／他之間的關係與再現。

在美國學界典範轉移的情況下，我個人自一九八〇年代末期由美國經典文學逐漸擴及亞裔美國文學與文化研究，而華裔美國文學由於族裔與文化的緣故更吸引我的注意。就族裔正義而言，一八八二年的「排華法案」（*The Chinese Exclusion Act*）是美國歷史上唯一針對特定族裔頒布的法案，這個歧視法案影響深遠，其中之一就是一九一〇至一九四〇年所有從中國前往美國的移民，都必須先羈留在舊金山外海的天使島（Angel Island，早期移民曾譯為「神仙島」），確定身分後才得入境，羈留的時間短則一星期，長者甚至達到三年，有人不堪囚禁而自殺。換言之，在美國華人移民史上，天使島就成為一個「site of memory」，記憶場域，或戴麗娟老師翻譯的「記憶所繫之場域」。在這方面，麥禮謙（Him Mark Lai）、譚碧芳（Judy Yung）和林小琴（Genny Lim）三位天使島移民後裔，一九八〇年編譯、出版的《埃崙詩集：天使島華人移民的詩歌與歷史，一九一〇—一九四〇》（*Island: Poetry and History of Chinese Immigrants on Angel Island, 1910-1940*），透過詩文（中文原作與英文翻譯、注釋）、訪談與照片，保存這段歷史記憶，成為華美／亞美文學與歷史的奠基文本。

文學方面的呈現也不勝枚舉，舉個最明顯、特異的例子。華裔作家湯亭亭（Maxine Hong Kingston）在《中國佬》（*China Men*，又譯《金山勇士》）特闢專章〈法律〉（The Laws），以編年體條列出美國歷史上明文記載對華人的歧視法令與歷史事件，也就是以文學之筆銘刻下美國對華裔的不公不義。再就與我們背景更為接近的臺裔美國文學（Taiwanese American literature）而言，往往也會觸及臺灣歷史，像是楊小娜（Shawna Yang Ryan）的《綠島》（*Green Island*, 2016，榮獲二〇一七年美國圖書獎〔American Book Award〕）和游朝凱（Charles Yu）的《內景唐人街》（*Interior Chinatown*, 2020，榮獲二〇二〇年美國國家圖書獎之小說獎〔National Book Award for Fiction〕），無可避免地都觸及了二二八事件。

對許多人來說，南京大屠殺不僅是二十世紀中國人蒙受的重大創傷，從人類歷史或人道主義的立場來看也是重大事件，卻罕為世人所知，因此張純如（Iris Chang）於一九九七年，也就是該事件整整一甲子後出版的《南京大屠殺》（*The Rape of Nanking*），就以「被遺忘的二戰大屠殺」（The Forgotten Holocaust of WW II）為副標題，努力讓世人認識這件慘絕人寰的歷史悲劇。身為第二代華人的張純如，祖輩來自中國大陸，父母親從臺灣前往美國留學並定居。這本書從歷史的角度切入，出版後引起很大的迴響，也激發了一些作家。如第一代的華美作家哈金（Ha Jin）長篇小說《南京安魂曲》（*Nanjing Requiem*）於二〇一一年問世，海峽兩岸立即出現了正體字與簡體字譯本。又如第三代的華美詩人林永得（Wing Tek Lum），在一九九七年讀了張純如的書之後深受震撼，不斷針對這個題材寫詩，於二〇一三年結集出版《南京大屠殺詩抄》（*The Nanjing Massacre, Poems*）。換言之，三人努力以各自擅長的文類，再現這個歷史悲劇，以提升眾人對此事件的覺知，強化他們的記憶，並敦促日本官方與民間要如德國般正視歷史，不再迴避公理與正義。

哈金與林永得固然是受到張純如作品的啟發，然而在創作過程也蒐集了許多資料，其中之一就是史詠（Shi Young）與尹集鈞（James Yin）一九九六年出版的《南京大屠殺：歷史照片中的見證》（*The Rape of Nanking: An Undeniable History in Photographs*）。此書以英漢對照的方式呈現，書中的文字、照片與圖說生動有力地見證了南京大屠殺的慘狀。值得一提的是，該書邀請到兩位不同背景的重量級人物寫序：華人歷史學家余英時與諾貝爾和平獎得主、南非大主教屠圖（Desmond M. Tutu）。余英時在序中指出：

> 六十年來，日本的一般人民和知識分子雖然對日本軍國主義的暴行時時流露出悔恨之情，但日本的政客——特別是執政的政客——卻從來沒有勇氣承認以往侵略的罪過。一九九五年七月二日大江健三郎在《紐約時報周刊》上發表了一篇文章，英譯的題目是〈否認歷史使日本

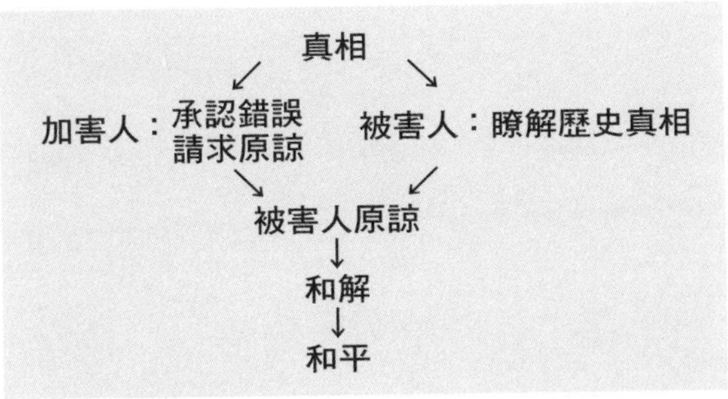

陷於癱瘓〉（Denying History Disables Japan）。他指出，日本必須面對過去的罪過，徹底悔悟，向受難的亞洲各國人民，該道歉的便道歉，該賠償的便賠償。只有如此，日本才能洗淨自己的靈魂，重新抬起頭來，做亞洲各國的一個堂堂的鄰居。現在由於日本表面倔強，而內心慚怍，在國際正義上，完全挺不起腰來。大江這一番話是很深刻的。

中國是一個健忘的民族，這一部《南京大屠殺》也許可以喚醒中國人的痛苦記憶。當然，我們更盼望這部畫冊也可以激發日本民族的集體良知。（頁xii）

屠圖則在〈前言〉中警示：「過往的惡行無論如何恐怖，我們也絕不能迴避。若企圖遺忘過去，試著相信人性永遠善良，將會為自己的健忘苦苦後悔，因為我們的過去會像鬼魅般來纏繞。」（頁ix）他更針對南京大屠殺表達如下的說法：「必須知道發生在南京的事實真相，才能讓作惡者認罪，並尋求和解。沒有真相，就沒有寬恕；沒有寬恕，就沒有和解。」（頁ix）而這一切的目的在於「前事不忘，後事之師」，也就是我們在全球各地猶太人大屠殺紀念館展場終點經常看到的：Never again!（切莫重蹈覆轍！）進而尋求真正的和解與持久的和平。因此，這裡觸及了幾個重要的議題：真相、瞭解、原諒、和解、和平。上圖是我在中研院歐美所的法律學門同仁邵允鍾根據以上說法繪製的圖表，並表示「屠圖主教對於和解過程的說明清楚地把這些不同的視角串連起來」。

相反的，如果沒有探知真相或別有用心，可能就會產生錯誤資訊（misinformation）、虛假資訊（disinformation）、惡意資訊（malinformation），這些不僅可能形塑意見，甚至產生偏見與濫用，造成口頭與肢體的攻擊與暴力，進一步加深彼此的創傷，萌生不滿與報復的心理，在惡性循環下激發更多的衝突與不公不義。

澎湖七一三事件：從離散到白恐

把場景換到臺灣。在全球冷戰與國共內戰的雙戰結構下，數十年來這片土地上的統治者以國家安全之名行戒嚴管理、白色恐怖之實，劣跡惡行不只留下血跡斑斑的歷史檔案，也出現於不同形式的文學作品中。臺灣近年出版的白色恐怖文學集，最具代表性的很可能就屬國家人權博物館與春山出版社合作、胡淑雯與童偉格主編的《讓過去成為此刻：臺灣白色恐怖小說選》四卷（二〇二〇）與《靈魂與灰燼：臺灣白色恐怖散文選》五卷（二〇二一）。如果說前者是小說家參酌史料，獨運匠心，透過人物塑造與情節安排所創作出的虛構之作（fiction），那麼後者就是以平實的文字與手法，根據個人主觀經驗與客觀資料所撰寫出的非虛構性散文（nonfictional prose），看似沒有什麼特殊的技巧，但平實直述、娓娓道來的見證文字本身就有著獨特的力道。這套散文集的第五卷《失落的故鄉》，就摘錄了黃丞儀老師剛剛在開場白引用的呂培苓所寫的《一甲子的未亡人——王培五與她的六個子女》。

書中的王培五是一九四九年山東流亡師生冤案中不幸遇害的張敏之校長的遺孀。二〇一九年，國家人權博物館舉辦「山東流亡學生與澎湖七一三事件70周年特展」。我父母親都是山東流亡學生，我在特展文宣看到系列活動中第一場座談會與談人孫法寬先生的名字，馬上就知道他是我的族舅（先母是「法」字輩）。因此，我對這個特展非常感興趣，不但全程參與國家人權博物館景美展場的五場活動，還首度飛往澎湖，參觀在澎湖開拓館的展覽，展場中發現遠親孫啟榮先生提供的兩張照片中有我父親的身影，讓我感覺到個人、家族跟相關的事件與歷史產生了更強烈的連結。

根據臺灣民間真相與和解促進會的《記憶與遺忘的鬥爭：臺灣轉型正義階段報告 卷三 面對未竟之業》三冊（衛城出版，二〇一五）所附的〈臺灣轉型正義大事紀〉，自一九四九年五月二十日實施戒嚴，「八月中共地下黨因『光明報事件』曝光，情治機關開始追緝地下黨員，開啟五〇年代初期白色恐怖。」（頁一六七）然而，七月十三日在澎湖的強迫集體從軍事件發生得更早，並且引發另外兩起白色恐怖事件。

其實，一九四九年版的「唐山過臺灣」人數上百萬，山東流亡師生人數約七千多人，在比例上並不算高，卻因為三個事件而受人矚目：

（一）一九四九年七月十三日，軍方違反教育部與國防部的協議，強逼學生從軍，甚至有兩名學生當場濺血，以致五千多名男生在刺刀脅迫下集體入伍，捨棄求學的初衷，是為「澎湖七一三事件」；

（二）在同一年後續的「山東流亡師生冤案」中，軍方藉由嚴刑逼供，炮製證據，將張敏之與鄒鑑兩位校長與五位學生誣陷為匪諜，於十二月十一日於臺北馬場町執行槍決，並有上百人遭到株連；

（三）一九五五年，當年被強逼從軍的學生，「退伍復學」的訴求屢屢遭到漠視，為表達

（右圖）單德興的母親孫萍、父親單汶一九四八年攝於徐州（單德興提供）

（左圖）左起：孫啟榮、單汶、李文剛於澎湖（單德興提供）

心中不滿，三月在高雄鳳山步兵學校發生示範營集體罷操，四月十六日（也有十八、十九日之說），數百名現役軍人於臺中火車站蔣中正總統銅像四周靜坐請願，軍方於二十五日秋後算帳，有三十九人遭到羈押審訊，是為「臺中四二五事件」。

對於「澎湖七一三事件」，被迫編兵的父親多年後在自傳寫道：「以男生的犧牲從軍換取了女生及小男同學的求學機會。」至於「山東流亡師生冤案」，母親在自傳以「人神共憤」四字形容。父親則有更深刻的回憶：「以二位校長及五位同學之死，來鎮壓被編兵的同學。連隊也實施自首工作，有多位同學失蹤，所有同學不敢怒也不敢言，恐以匪諜論罪，人心惶惶，噤若寒蟬，謹言慎行，免遭禍害。後來各級官員們知其處理過當，多方安撫，但同學們仍懷恨在意其蠻橫惡劣的管制行為。」

然而山東流亡師生所遭遇的這些事件，不僅在戒嚴時代眾人噤若寒蟬，解嚴之後許多當事人依然不願多談，直到晚近才得到愈來愈多關注，但由於當事人年事已高，資料有限，再加上道聽塗說，媒體的文字報導或影片呈現不乏誇大其詞、以訛傳訛之處。因此，由國家人權博物館委託學者專家，根據研究所得，展示相關檔案、文獻、照片、訪談影片等，並配合人權教育，進一步徵集資料，為山東流亡師生在風雨飄搖之際，隨學校渡海來臺七十年來的首次展覽。我在〈策劃流亡，展示離散——山東流亡學生特展及其反思〉一文中指出，這次特展，「呈現數以千計的師生在白色恐怖下的苦難與創傷，反思相關事件在中國近代史、臺灣移民史以及現今社會的意義。」此外，這次策展是國家人權博物館從人權與歷史的角度出發，有關白色恐怖時期外省人遭遇的第一個大型展覽，以示在白色恐怖之下，不分省籍都可能淪為受害者（根據相關研究，外省人受害者占總受害者百分之四十以上，就當時人口比例而言遠高於本省人），因而「提供了宏觀的視野與歷史的縱深，以看待整個事件與後續效應，以及對當事人與後代所具有的個人與集體、家族與社會、族群與國家的意義」。

由於政府也知理虧，於一九五九年開始執行「志願士官士兵留營服役計劃」（木蘭計劃）。雖然美其名為「留營服役」，目標卻是讓這批被迫從軍的學生能像花木蘭一樣「壯士十年歸」。第一批試辦的八十人主要是年長者和已婚者，我父親順利通過考試，終能如願退伍，退伍證明書上蓋的章是「依額退伍」，意思是「員額過剩，經檢討應予退伍者」，上面並有手寫的「復學」二字。於是父親「取得兩套衣服、棉被、蚊帳及新臺幣五百多元作為服役十年的退伍金」，以及一九五六年六月分發的一紙「戰士授田憑據」（俗稱「戰士授田證」）。一九五九年九月，這批人由專車送往員林實驗中學，父親被編入師範部三年級的特師科，經過一年努力學習，取得國校教師資格，申請到南投縣任教，夫妻經過十年聚少離多的日子，終能回復正常家庭生活，同心協力共建家園。

記憶與家園

當時主其事的國家人權博物館館長、也是這次座談會的共同計畫主持人陳俊宏教授就表示：「國家人權館肩負著傳承集體記憶的任務」，希望藉著這次特展讓社會大眾更加瞭解並關注這段歷史，以促進「不同族群間的對話，及對彼此的理解與體諒」。在他卸任的公開信中，表示這個特展是他任內所舉辦最有意義的展覽。就我個人而言，從小就看到許多「叔叔」寒暑假到群山圍繞的南投中寮家中，一住多日，也知道這跟父母親身為山東流亡學生有關。然而即使在歷史性的一九四九年六十週年相關活動與出版中，依然很少看到有關山東流亡學生的主題。直到七十年後的二〇一九年，國家人權博物館在澎湖與臺北景美舉辦的特展，山東流亡師生的遭遇與歷史總算是繼一九九八年《戒嚴時期不當叛亂暨匪諜審判案件補償條例》公布施行之後，再次獲得國家的肯認，不僅正視澎湖七一三事件在臺灣移民史上的特殊意義，置於白色恐怖的脈絡下，也與冷戰和國共內戰的雙戰架構以及普世的人權議題產生連結。

身為在南投鄉下出生、成長的「外省第二代」，自幼耳濡目染，有些獨特的經驗。後來進入學界，鑽研歐美族裔文學與離散、創傷、記憶、再現、他者、悅納異己等議題，讓我在回顧與反思山東流亡學生這個涉及近代史、移民史與家族史的議題時，能以更宏觀的視野，結合文本、歷史、脈絡，以及觀念架構與具體經驗，分析與理解多年置身其中的情境。在我的探究與反思中，經常用上三個關鍵詞：回憶，後記憶（postmemory），落地生根。

- 「回憶」係來自這群從山東到廣東、再跨海來臺的第一代移民，突破以往的政治禁忌與心理障礙，正視歷史事實與內心創傷，將壓抑的陳年往事，透過不同的方式攤在光天化日之下，讓他們獨特的經驗與艱辛的歷史不致消逝如塵，渺然如煙。
- 「後記憶」係套用賀許（Marianne Hirsch）研究猶太人大屠殺的觀念，以示這群山東流亡師生的後代，雖然沒有第一代首當其衝的親身體驗，但透過家人相處、長輩的回憶與敘述，以及文獻資料等，承繼影響家族至鉅的歷史經驗與記憶，成為自己生命中不可或缺的部分。
- 「落地生根」指的是因戰亂飄泊離散到臺灣的山東流亡學校師生，在兩岸阻絕的特殊歷史情境下，選擇在地落戶，胼手胝足，成家立業，開枝散葉，以此地為「第二故鄉」，體現「此心安處是吾鄉」，甚至終老、埋身於此。

國家人權博物館的特展把這段歷程形容為「從飄零到植根」，而這批來自中國北方的第一代移民則是「山東過臺灣的『開臺始祖』」。其實，在貧窮、饑荒、戰亂時，不論是境內的內部移民或跨國的外部移民，歷史上都屢見不鮮，「日久他鄉變故鄉」的情形也不勝枚舉。更何況因為冷戰及內戰的歷史情境，海峽兩岸的政治制度、經濟條件、社會情境已截然不同。二〇一九年十二月我到臺南成功大學參觀「山東流亡學生與澎湖七一三事件70周年特展」，也參訪了國立臺灣文學館的「逆旅．一九四九——臺灣戰後移民文學展」，在其中看到訪談張敏之校長幼子張彤的影片，可見山東流亡師生的事蹟已嵌入臺灣戰後移民史。該展中「您籍貫哪裡？」的互動裝置更令人印象深刻：正面牆上是一幅中國地圖，下方六個箱子內各自有不同顏色的色球，分別對應不同的大陸省分與地區，參訪者可把代表自己籍貫的色球投入上方的一個圓洞，待繞到牆後，赫然發現一面透明壓克力牆的臺灣，參訪者投入的五顏六色色球構成了繽紛多彩的臺灣，「藉此讓觀眾反思身分認同的意義及彼此共處一地的現實」。

換言之，當年這些逃避戰火的人，一路艱辛南下，渡海到澎湖，再來到臺灣，即使身上依然帶著「外省人」的標籤，但那只是說明先來後到的方便用語，而不是區隔彼此的「見外」方式，更不是據以「排外」的手段。這些人在臺灣扎根，安分守己，努力打拚，白手起家，成家立業，一同耕耘腳下這片土地，早已化為臺灣社會與歷史的一部分。正如美國華人作家哈金對於「故鄉」與「家園」的辨證：「故鄉」是所從來的原籍、老家之所在，屬於過去；「家園」則是有緣落地、扎根的地方，屬於現在與未來。而這批流亡師生的故鄉是山東，有如小水滴般在歷史洪流的席捲下，遷徙到臺灣，選擇此地為家園，也可能隨順因緣再度離散。

在敘事中互相連結

回到轉型正義與文學再現的議題。我出國旅行時喜歡參訪當地的博物館，除了一般的博物館之外，也會特別走訪不同地方的猶太人大屠殺博物館（Holocaust Museum）和猶太會堂（Synagogue），瞭解猶太人兩千多年的流離歷史，遭遇的挑戰與苦難，以及在流離失所的情況下如何維持族裔與文化認同。印象最深刻的是，二〇一六年趁赴波蘭開會之便，前往參訪奧許維茲（Auschwitz）集中營，甚至為此前一年就開始持誦佛號，做心理準備。參訪各地的猶太人大屠殺博物館或集中營時，經常會在入口處看到哲學家桑塔亞納（George Santayana）的名言：「Those who cannot remember the past are condemned to repeat it.」（無法記取過去的人，注定要重蹈覆轍。）參訪終點的「Never again」，再次提醒人們記取慘痛教訓，切莫歷史重演。對於過去的傷痛，可以寬恕，但絕不能遺忘，而文字正是對抗遺忘的利器。

銘刻歷史與刻劃人性的方式很多，文學是最有力、最普及的方式之一。我在不同場合曾表示文學的特色在於對語言文字的敏感，對人我與世界的反思，呈現方式在意料之外、情理之中，其文本容許多元呈現、多方解讀，避免一元與獨尊。文學的作用則在於透過文字達到同理、共感，傳達多元的價值觀，塑造寬宏的心胸，破除人我的藩籬。

敘事或故事在文學中占有重要的地位。近來在社會科學研究有所謂「敘事轉向」（Narrative

turn），如古德森（Ivor F. Goodson）與吉爾（Scherto R. Gill）在〈社會研究中的敘事轉向〉（The Narrative Turn in Social Research）一文中提到：「許多學科裡都找得到敘事的蹤跡，從人類學到精神病學，從歷史到神學，從媒體研究到組織研究，從言談分析到教師生平與教學研究，從政治學到醫療照護等。不同的認識論定位中也找得到敘事的存在，包括現象學、詮釋學、建構主義、女性主義、批評理論等。」（頁二〇）由此可見敘事在人文與社會研究中無所不在，影響深遠。而藉由說故事與聽故事，可連結過去與現在，個人與群體，小我與大我，使創傷與記憶不致泯滅，期盼正義終得伸張，和解終能實現。因此杜布在〈規範性之外的轉型正義：政治轉型的文學理論芻議〉中強調故事的重要性：「閱讀與聆聽故事都是直面過去、直面自身、直面社會的一種方式。這種直面挑戰著我們，要我們一再詮釋看似無法想像的事物，顛覆我們傳統的理解方式，促使讀者或聽者向世界開放。」（頁一九六）

總之，說故事是打動人心、傳遞訊息的利器，文學作品則是取之不盡、用之不竭的寶庫。文學家透過敏銳的感受，深入的觀察，精巧的文字，恰切的技巧，再現芸芸眾生在不同情境下的存在狀態與應對方式。而透過閱讀文學作品，可以省視古今中外的人生處境，觀察形形色色的人性，拓展個人的生命經驗，啟發多元寬宏的視野，增長同理心，培育敘事力，發揮反思與淑世的功能。

正義，乃至於轉型正義，都是大哉問。然而，不能因此就不問，反而要不時叩問，反覆尋思。楊牧有首名詩叫〈有人問我公理和正義的問題〉（一九八四），記得剛發表時我特地剪報寄給在海外攻讀學位的朋友。楊牧的高足曾珍珍教授如此解讀這首詩：「詩人雖有先知式的達觀和憐憫，但面對個人成因各異的苦難，始終保持一種『認知論的謙遜』，努力設法理解，但不妄言完全理解，因為妄言完全理解，其實與偏見論斷是一體兩面。」而要在「努力設法理解」之前，必須先釐清事實與真相。屠圖大主教底下有關南京大屠殺的說法，也適用於其他地方：「隱瞞一九三七至一九三八年發生在南京的暴行，無視歷史真相，輕則嚴重傷害未來子孫，重則如犯罪般輕忽、不負責任。」（頁ix）因此，不論是為逝者安魂，為生者安心，甚至為子孫後代安命，都必須嚴正面對歷史真相，以史為鑒。

這把我們帶回這次活動的主題：面對幽暗歷史。事未易明，理未易察。我們面對什麼樣的過去或歷史？為何是幽暗或曖昧（ambivalent 一般的中譯）？要如何面對或處理？我們可以選擇不同的方式來面對、處理與呈現，像是口述史、傳記／自傳、學術研究、展覽與人權教育、文學創作、紀錄片、座談會等等。今天的座談會正是其中一種，因此我個人很榮幸有機會共襄盛舉。謝謝各位。

黃丞儀：非常感謝單老師精采的分享，在兩位老師從文學的角度提供非常豐富的思考材料之後，接下來要請戴麗娟老師，戴老師是歷史專長，也許可以從歷史學的角度，再把我們的討論延伸出去，謝謝。

戴麗娟：非常謝謝丞儀老師的邀請，讓我可以有這個跨領域交流的機會。就像剛剛何明修主任提到的，因為這個題目很大，有一些環節我還不是很理解，依我的理解，我想黃老師是希望我從歷史學的角度，而且是從國際歷史學的角度來看記憶研究的問題。我今天的大綱，第一部分先講記憶研究的歷史發展，第二部分談歷史記憶研究大致的分類，目前還是很粗糙的分類，第三部分想帶到困難遺產的課題，因為剛剛講的 ambivalent past 或 ambivalent history，我其實一直想問黃老師是什麼意思，但它讓我聯想到困難遺產，所以這就是今天我跟大家講的重點，第四部分再開放討論臺灣現況與國際參照。

三波記憶熱潮

以歷史學來看，我們現在所熟悉的記憶熱潮，過去一百年大概有三波，國際的研究會說有三波記憶熱潮（Memory booms），第一波大概是十九世紀後半期，尤其是一八七〇年普法戰爭、巴黎公社事件之後的紀念，一直到歐戰，也就是我們現在講的第一次大戰，可是那時的人不會知道那才只是第一次大戰，所以就稱作是一個大戰，而且他們很希望永遠是最後一次，大家一開始是很高興去參加，結果死傷非常嚴重，所以在兩次戰爭之間，就有很多紀念，也希望不要再有任何一次世界大戰，可是就後見之明，我們知道發生了第二次大戰，而且是情況更慘烈的一次。

總之，以三波記憶熱潮來看，第一波大概會從十九世紀末到大戰後，它有很多產生記憶、紀念的現象，受到各個領域的關注。第二波我們現在知道，大概是一九七〇年代之後，這波的特色就是歷史學界開始正面看待記憶現象、開始研究，其中一個比較大的歷史研究工程就是「記憶所繫之處」。第三波則是一九九〇年代，呼應冷戰結束、柏林圍牆倒下等歷史事件。

目前的現狀，我們會看到歷史記憶的課題湧現，或歷史記憶這樣的名詞擴散化，幾乎在很多研究都會看到，新聞裡面也常用到，擴散化同時也有一種分散化的情況。前面所謂的第一波，我剛講說它受各個領域關注，所以我們現在常會引用的早期某些論述或理論，像赫南（Ernest Renan）在文章〈什麼是國族？〉（What is a nation?）的國族建構論述，他會說遺忘對國族建構是很重要的，雖然記憶也很重要，可是他很強調遺忘。心理學界像佛洛伊德，雖然不只有佛洛伊德會討論記憶這種現象到底是怎樣的心理狀態。哲學家如柏格森（Henri Bergson）、藝術史家如瓦堡（Aby Warburg），現在大家談「文化記憶」經常會從瓦堡開始談。文學界當然不用說就是普魯斯特，他的《追憶似水年華》描述瑪德蓮蛋糕的時刻，吃瑪德蓮的時候會勾起很多對過去事物的記憶，是大家會引用的。社會學家阿博瓦胥（Maurice Halbwach），也是現在大家常引用的，這都是在所謂的第一波，大家已經注意到這個普遍的現象，所以產生各種研究和一些想法與理論。

至於第二波，大概是在一九七〇年代以降，一般會講是二次大戰猶太人大屠殺記憶的回歸、復返，因為在戰爭剛結束的時候是被壓抑的，只有少數群體在談，一九七〇之後就是相關記憶大量的出現，這在不同國家有不同的節奏跟背景。大家比較沒有談的是，那時也因二戰後有很多殖民帝國解體，還有很多因解放殖民運動興起的新國家，它們有國族認同的一些議題，這裡面常常就會去提到國族記憶。還有例如說像法國，在歐洲很多社會，它們面臨到消失的族群記憶、消失的語言族群等，可能地方方言那個時期都碰到類似情形，最後一個會講那個方言的人即將過世了，那個人過世以後，世界上已經沒有人會講那個方言。它們開始發現這樣的情況，所以就有很多作品，比如去訪談這些人，或幫他們寫傳記，這樣的書在一九六〇年代不少。然後在一九六〇年代有很多社會運動，也引起一些記憶的活動。還有就是像鄉村人口大量移入城市，造成鄉村的傳統文化架構完全崩解流失的現象，也引起一些記憶的討論。

這些很多因素交錯的背景，使集體記憶的歷史研究正式興起了，尤其是《記憶所繫之處》這樣的大部頭作品。它是一個很大的歷史研究和書寫工程，有一百三十幾篇，集結了大概一百個歷史學家，在一九八四到一九九二年總共出完了七大冊。現在大家談記憶所繫之處的時候，很多討論經常集中在，它是不是就是記憶的空間化，或是說記憶的物質面，可是其實也不是只有這方面。如果大家翻閱七大冊的一些條目，就會發現條目裡有「右派與左派」，你很難把左右派空間化，可是左右派你一講就知道跟法國有關，法國人的自我認同裡面，知道左右派是什麼。另外例如說「世代」這樣的詞，或「對話」對他們來說，法國文化裡面或他的民族認同裡面，對話這件事與很會對話，是他們覺得他們文化特有的。還有例如說「法語」，也是其中的條目之一。之所以稍微講一下這些條目，是要說明這些跟空間或物質未必有關，這就是當初我為什麼把它譯成「記憶所繫之處」，不是「記憶之場」或「記憶之域」，或「記憶的地方」等，因為它的法文 Lieux de mémoire，那個 lieux 不是只有地方而已，是可以讓記憶著陸的任何一個地方，任何一個事物或物件，不是只有空間。可是因為外文翻譯的問題，在英文中衍生出像剛剛單老師提到的 site of memory（記憶的場域），變成是大家常用的詞，導向空間化的聯想。

回頭來講第三波，就是一九九〇年代以降，蘇聯共產集團解體後，原本被框列在這個集團的國家，它們受壓迫的國家記憶與社群記憶也都在此時興起。還有在冷戰框架下被邊緣化的國家的歷史記憶，還有第三波民主化國家像中南美洲，它們也很多這一類的討論。九〇年代後，我們可以看到各式原本在邊緣、受壓抑的記憶都出現了，從九〇年代以降到現在，可以看到研究與社會需求的更多結合，也有互相推波助瀾的作用，這個在臺灣可能也有類似的情況。在此之前，例如剛提到的《記憶所繫之處》的研究和出版，它雖然是有意識到那些現象，但它做出來的東西並不是立即呼應某種社會需求，它是觀察到某一種社會現象，那是讓研究者受到當代社會刺激所產生出來的一個研究領域。可是到九〇年代以後，我們會看到各種相關研究跟社會需求結合得更密更快，這裡面會不會產生什麼問題，我還不清楚，只是把這個現象跟大家描述。

歷史記憶的兩大分類

第二部分要跟大家講的是大致分類，因每位講者時間就是二十分鐘，所以只能做非常粗糙的分類。現在回頭看這麼多與歷史記憶有關的研究，可以大致分兩大類以及其他。第一大類是與國族、族群、社群記憶有關的歷史研究，不管是有助於建構、解構或是批判，或是對過去的政治性使用。例如在臺灣學界大家較熟悉的美國漢學家柯文（Paul Cohen），他出版的《歷史三調：作為事件、經歷和神話的義和團》，採用的手法就屬此類。還有這類研究中也可以看到很多是跟紀念文化有關的，裡面包括正面建構，會強調國族象徵、光榮事蹟等。另外也有負面建構，例如剛提到的柯文，他另一本書做句踐復國、臥薪嚐膽這樣的故事教誨，用在鼓吹反共抗俄的時代。國內也有學者研究像「國恥」的議題，雖然它是負面出發，但結果可能凝聚一種族群或國族的共同認同。也有中性的，像文化象徵、共同記憶所在，很多懷舊的，造成一種懷舊風潮。晚近討論的食物與族群的記憶，像四川菜、江浙菜或臺菜也可以跟族群記憶有關，現在有愈來愈多相關研究在講食物記憶或身體記憶。以上這一大類是與族群認同建構有關的。

第二大類是跟創傷記憶有關，各類的創傷，包括戰爭、大屠殺、殖民、解殖民、奴隸、移民、離散族群相關的研究都與創傷記憶有關。有一種跟殖民、解殖民有關的創傷記憶是大家比較沒有注意到的，也就是殖民帝國內部會有一種人，雖然在被殖民的社會，可是認同殖民者，被迫解放殖民、成為獨立國家以後，在國內這類人就被認為是所謂賣國賊、叛徒、或像中文說的「漢奸」。這樣一群人的記憶也常被主流社會壓抑或汙名化，這也是屬於與殖民有關的創傷記憶。此外像國家暴力的受害者群體，如白色恐怖、二二八都可歸這一類，曾遭受獨裁政權統治的國家都可以歸為這類。晚近我們也看到愈來愈多討論恐怖攻擊的受害者，九一一就是很明顯的例子。類似研究也有針對更早的例子，例如英國倫敦或西班牙馬德里恐攻事件的受害者，相關人士如何紀念死者。另外就是天災的受害者，像臺灣的九二一大地震、八八風災小林村整個被淹沒、日本福島等等，天災的受害者也是屬於創傷記憶討論的對象。最後一個例子是性別認同差異，像同性戀或跨性別者的創傷經驗過去比較被忽略。就像大家檢討納粹大屠殺，多半會講猶太人，可是裡面有些不是猶太人也還是被送到毒氣室，就是同性戀者或吉普賽人等。在受害猶太人族群的大帽子下面，他們的聲音就被邊緣化了。所以這類創傷記憶研究，歷史學者會注意到，也需要結合心理學、社會學、人類學、文化研究等等，而且常常會討論到創傷症候群的問題。晚近三十年，屬於這種負面、創傷事件的紀念館愈來愈多，像不義遺址的標記，也有人從這邊來談黑暗觀光，這些其實都是 dealing with the past 相應的現象，當然也有像記憶政治、記憶法律等問題的討論。

難以直面的困難遺產

至於第三類是我今天要談的重點，也就是較難很快被歸類為第一類和第二類的，面對這些，

一九三八年納粹黨代會使用的齊柏林集會場，位於紐倫堡。（來源：維基百科）

我個人覺得，晚近的「困難遺產」這樣的概念，可以借用來討論這類，所以第三類就是所謂的困難歷史和困難遺產。也就是不容易立即歸屬於上述兩類，不同立場的爭議方有不同記憶，不同時空背景下形成的衝突記憶的層層疊疊，這些等等讓人不安困擾的過去的遺跡。也許黃老師講的 ambivalent past 可以屬於這一類？這我不太清楚，後續還可討論。

接下來，我快速講一下學界對 difficult heritage 的討論，國內有人翻譯為困難遺產或困難襲產，可是討論的人還不夠多，它其實是從文化遺產衍生出來的名詞，最主要引用的是雪倫・麥可唐納（Sharon Macdonald）的書《困難遺產：紐倫堡納粹歷史的協商與超越》（*Difficult Heritage: Negotiating the Nazi Past in Nuremberg and Beyond*）。困難遺產指的就是那些場址、建築物、古蹟、藝術品或其他人造物件，過去可能曾經是令人驕傲、光榮的，卻難以讓當代社會產生正面、自我肯定和認同的歷史遺跡。更早之前在一九九六年，也有學者使用 dissonant heritage（不和諧遺產），意指那些會讓現在與過去的意義系統和價值系統產生反差的傷心歷史，可是最後大家比較常用的是 difficult heritage。而類似的名詞有如下：不安、不舒服遺產；不和諧、不協調、刺耳、刺眼的遺產；不想要的遺產；爭議遺產；負面遺產；黑暗遺產；遺留痛苦與恥辱的地方，亦即與死亡、傷痛、創傷、苦難、災難、恥辱等負面記憶有關的遺址，具有爭議性、難題的特質。

麥可唐納著作的重點，在於它討論的對象是納粹黨一年一度的黨代表大會集會地，其實那並不是所謂的不義遺址，當年反而是納粹歷史的聖地，在以往納粹執政的時候，當然是最光榮的地方之一，可是在戰後就變成德國歷史中一個令很多德國人感到很羞愧、恥辱的地方。針對像這樣的建築和空間，到底是要拆除或保存？或如何再利用等難題，就成了此書的主題。作者做了一些研究，而不是立即下定論，她是比較以歷史學和人類學的手法，結合市議會議員的相關討論紀錄、當地人訪談、對國外參觀者的訪談等，所以她認為這個遺址是 difficult heritage，就是說這些是與國家正面成就無關的，也無助於國族認同形塑的文化遺產，但是又和國家歷史的重要時刻有關。她認為，透過對困難遺產的保存與否的討論，也有可能促成不同爭議方的對話，並建構人民的集體記憶。重點是，如何讓那些令人不舒服的歷史（過去）經驗被瞭解、被述說、被接納，並對現在的社群產生意義。也就是說 making sense of uncomfortable histories（讓令人不快的歷史被理解並產生意義）。負面的東西，我們也可能經過討論後，讓它產生正面的效益。此書之後，有一些書也是類似的討論。[1]

回到臺灣，呼應黃老師在開場時講的，比較多是人類境況的問題，所以我這邊只拋出一個議題，沒有答案。我們過往是不是以太直接、太現成的方式帶入轉型正義的概念，而越過討論這些認識不足、尚未有共識的共同歷史的部分？以後相關的討論如何照顧到過去歷史的複雜性、層層疊疊的紋理、時間累積出來的厚度，值得討論。前面兩位老師舉了非常多很好的例子來告訴我們，很多事很難一刀兩分、非黑即白。我這裡只是以一些國際經驗來說。我自己喜歡看電影，以前也很喜歡文學，但想到有些人未必有耐心讀文學作品，建議可以去看電影。這些電影既呼應大的歷史事件主題，也反應出某種小人物的觀點與事情的複雜面，包括像《為愛朗讀》、韓國《薄荷糖》、日本《永遠的零》、美國二戰末關於硫磺島戰役的一套兩部片《硫磺島的英雄們》、《來自硫磺島的信》。謝謝。

黃丞儀：非常感謝戴老師從記憶研究的角度，切入困難遺產、困難歷史的討論，帶我們到世界史的範疇來去思考這些問題。接下來要回到臺灣，在臺灣剛剛單老師也提到一些個人記憶跟家族記憶的部分，但是我們比較少去碰觸到一個族群記憶的問題，在族群的部分我想詹素娟老師可以從平埔族群的角度做一個比較困難的討論，詹老師謝謝。

詹素娟：黃老師，在座各位同場的老師、朋友大家好。今天我在這裡要談的議題，其實是黃老師指定的方向。可能是因為我曾參與過原住民族歷史正義與轉型正義委員會（簡稱原轉會）[2]的工作，使黃老師覺得可以用此案例來談這個對大家來講還蠻困難的議題。對大部分的人來說，轉型正義好像是學者在談的；對推動《促轉條例》或從事促轉工作的人來講，原住民的轉型正義又似乎比較屬於歷史正義。因此，總統府網站的原轉會首頁，確實包含了「歷史正義」與「轉型正義」，可見是不同層次或性質的問題。

誰是「原住民族」？

原轉會的設置，與二〇一六年八月一日蔡英文總統對原住民族的道歉有關；設置的宗旨，就是要處理原住民族受侵害、被剝奪的集體權和身分權。而這類權益剝奪的過程，絕大部分是從清代開始——尤其是日治時代發生，當然戰後以來也持續進行；因此，歷史上的真相究竟是什麼，就成為原轉會非常重要的方向。這與促轉會針對威權統治時期白色恐怖案件的真相還原、不當黨產的處置等，在時間點或性質上確實有所不同。但對從事原轉工作的人來說，原住民族的遭遇，已經是常態性、系統性的不正義，藉由這個過程釐清歷史上的真相，就是希望能從政策、法律和行政制度等方面來修復。

但是，我們如果進一步來看原轉會下設三個主題小組[3]的任務，以歷史小組為例，它的任務有三項：一是從事「原住民族」與「平埔族群」於歷史上各時期的重大歷史事件、文物流失等真相調查，二是「原住民族」與「平埔族群」史觀建構的政策建議，但第三項卻又變成「原住民族」重大歷史事件的紀念碑設置。這讓我們不免疑惑，究竟「原住民族」是什麼意思？為什麼有時與「平埔族群」並列？有時又是兩群人的「全稱」？

要談這個問題，我們就必須注意到：「原住民族」這個自稱，其實有多重的意義在內，既指涉不同的層級，也有它的歧異性。從最上位來說，原住民族是臺灣作為多民族國家或構成多族群社會的人群組合之一，是與漢人對等、並列的集體性的展現。其次，依據《原住民族基本法》的界定，原住民族就是現在認定的十六族及其他自認為是原住民族並經主管機關原民會認定，報請行政院核定的民族；意思是原住民族的內部雖然有差異，但都還是原住民族的一部分。既然如此，那麼與「原住民族」並列的「平埔族群」究竟是誰？他們當中，有哪一族經過原民會認定、行政院核定？朋友們大概會說，噶瑪蘭族就是過去被視為平埔族群，如今在十六族中的一族。沒錯，噶瑪蘭族是一個好例子，今天花東地區的噶瑪蘭族是原民會肯認的原住民族，但宜蘭原鄉有親戚關係的噶瑪蘭族，卻不在原民會認定的範圍內；關鍵性的差別就是，花東的噶瑪蘭族有原住民身分，宜蘭的噶瑪蘭鄉親沒有身分。用很簡單的分類來看，雖然最上位的原住民族指的就是臺灣的南島民族，但在次級分類上，臺灣的原住民族又分成「有身分的原住民族」與「沒有身分的原住民族」，而平埔族群就是沒有法定原住民身分的人群。

從類別到身分——平埔族群的正名運動

對平埔族群來說，身分，不只是學理上的問題，也是一個運動的方向。而這一點，國家是知道的。檢討法規，讓平埔族群得到應有的身分權利與地位，地方縣市政府在選舉的時候會承諾，從事原住民運動的人曾經承諾；原轉會成立的時候，小英總統也對平埔族群代表有這樣的承諾。因此，二〇一七年行政院才能提出《原住民身分法》修正草案並送進立法院。

修正草案的主要內容，就是在《原住民身分法》中規範的「平地原住民」、「山地原住民」兩種身分外，新增第三類——「平埔原住民」，相關的法令另訂之。有人會問「山原」跟「平原」的差別在哪裡？舉例來說，著名的立法委員——泰雅族的高金素梅，就是「山地原住民」，立法委員陳瑩則是「平地原住民」的卑南族；新增第三類後，原住民的身分就會有三種。二〇一七年，《原住民身分法》修正案送進立法院的時候，行政院看起來很樂觀，當時的廣告也強調藉由身分法的修訂，可以落實所謂的歷史正義。

但是，這個法案在立法院屢經波折，不但屢次審議無法通過，現在基本上已經撤案；這個法案如果還要有機會，必須重起爐灶。究竟問題在哪裡？二〇一九年六月十五日的新聞媒體，就以「一〇七萬[4]平埔族全納入？『原住民身分法』陷兩難」的標題報導指出，身分法的修訂已經不能樂觀期待了。因為全臺灣的法定原住民只有五十幾萬，[5] 如果真的按內政部預估有九十八萬平埔原住民可能納入原住民族大家庭，政府的原住民族政策、法令或制度應該如何回應，將是很大的

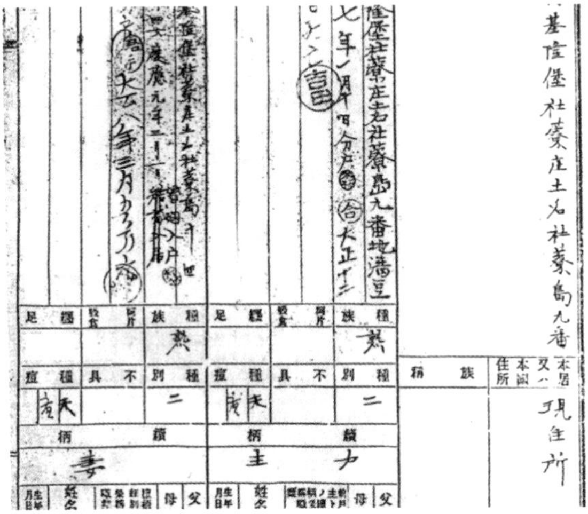

日治時期的種族注記欄（詹素娟提供）

困難。

以上講到的這些現象，可以怎樣理解呢？我想，我們可以先來看看，所謂「平埔族群」究竟是一種人群分類還是身分？為什麼他們必須去爭取所謂的身分？在臺灣史的研究中，平埔族群這個詞彙的產生有很複雜的歷史脈絡。早期臺灣的原住民被稱為「番」，是一個他稱，這個大家都知道。而在清代，所謂「熟番」就是國家賦予版圖內原住民的政治經濟身分；如果大家去看柯志明老師二〇二一年出版的專書《熟番與奸民》，就會知道。

到日治時代，因為臺灣的戶口調查與登記設計了獨有的「種族」分類，延續自清代的「熟蕃」就成為一個登記類別；在種族欄上注記「熟」，就是我們一般說的「熟注記」。一九三五年以後，雖然新的登記簿廢除了「種族欄」，但在國家的各種人口統計上仍維持著種族分類，只是這時「熟蕃」改為「平埔族」了。

由以上的簡單說明可以知道，所謂「平埔族」基本上是國家操作族群政治時的一種人群單位，長期以來也是一個戶口登記上的分類認定；所以，平埔族群既是人群分類，也是一種身分，有血統的傳承，是特定的群體。

順帶一提的是，現在從事平埔族群復振運動的人，非常希望大家不要用「平埔族」這個稱呼。因為他們要告訴社會，他們不是單一族群，不是全部都是母系社會，也不是所有的族都在祀壺。他們裡面有很多族別，有很多差異，所以「平埔族群」才能反映真實的現況。

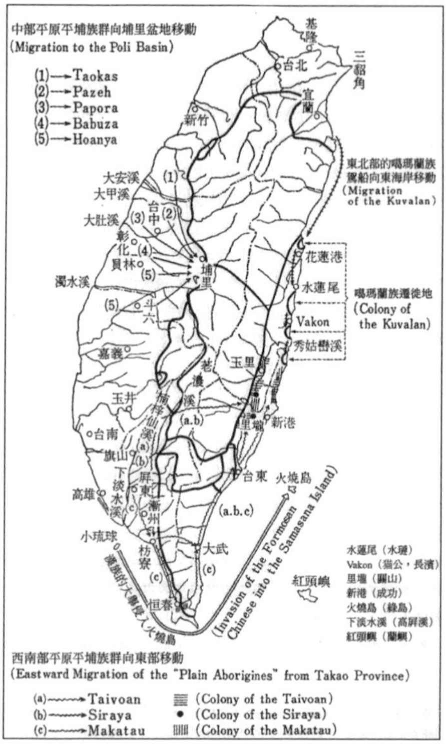

十九世紀平埔族群的島內大遷徙（詹素娟提供）

多重邊緣的歷史特性

作為相對於狹義或法定原住民族的平埔族群，它的歷史特性可以用幾點來說明。第一是他們的受殖歷史早自十七世紀就已開始，現在的法定原住民族則大概是二十世紀；因為提早了兩、三百年，所以他們與外來者接觸的時間長、空間廣，涉及的語言、文化、土地經濟、婚姻關係、宗教信仰、社會網絡等各種關係的變遷非常複雜，影響也確實非常巨大。但是，如前面提到的，由於清朝政府賦予他們一個制度性的身分框架，反而讓他們得以維持族群邊界；用臺灣話來說就是：「人」與「番」(lang kah hoan)。這個「人」、「番」的分野，在臺灣民間社會長時期存在；也因為這個難以消除的區別，使平埔族群成為主流社會的邊緣人群。不只如此，歷史上的平埔族群，又多次向中央山地、恆春半島、東部地區移居與通婚，二〇二一年的戲劇《斯卡羅》，其中住在今屏東車城社寮的土生仔，就是移居通婚的結果；因為血緣上介於原住民與漢人之間，而成為原漢之間物資交流與人際網絡的媒介。換句話說，平埔族群長期以來在不同的地區、空間、時間，多處於一個 in between[6] 的多重邊緣位置，這是它的歷史特性。

其次，這個歷史特性，和身分法修正草案的受挫有什麼關係？身分法修法受挫，當然有它法律上的面向，爭點就是一九五〇年代未能登記平地原住民的行政疏失爭議。針對這個問題，原民會主張當時平埔族群之所以沒有向地方政府申請登記平地原住民身分，是在一種恥感或汙名感下的選擇，因為他們不願意當原住民。平埔族群這邊——特別是西拉雅族的主張是：我們沒有接到通知，是政府因為行政疏失而將我們排除在外。究竟是排除還是放棄，法律層面的問題不是我有能力談的，事實上（二〇二二年）六月二十八日的憲法法庭就是要談這個問題。如果大家對這個議題有興趣，可以去看中山大學葉高華老師的〈放棄或排除〉這篇文章，[7]非常精要地說明了這個問題。

記憶的他者、血緣的迷思

在這裡，我想要從歷史特性與歷史記憶的角度，來談身分法修法受挫的兩個面向。一是原住民族與平埔族群這兩群人的歷史記憶與情感的距離。為什麼會有距離？他們不都是臺灣的南島民族、都是原住民族嗎？對法定原住民族來說，早自清朝、日治到當代，平埔族群選擇了融入漢人社會、學習漢人文化的生活方式；自那時開始，平埔族群與原住民族就分屬兩個不同的團體。法定原住民會覺得你可以不用當漢人，可是你當年選擇當漢人，用臺灣話來說就叫「背祖」，已經背離祖靈了。因此，原住民族的我群感（we group），很難把這個不是講客家話就是講福佬話的人群視為自己的兄弟姊妹；也就是說，對平埔族群要產生生命共同體的強烈歸屬感，並不容易。但我承認這樣的陳述很粗糙，事實上法定原住民的態度與看法，有很大的內部差異。

那麼，在歷史的過程中，平埔族群真的就已經成為漢人了嗎？一九四〇年代，在臺南、高雄從事田野調查的日籍學者國分直一，就發現這群所謂的平埔族人，跟漢人有很明顯的不同；當時的漢人會說：如果喝了平埔族的水就會生病，可見漢人並沒有把平埔族當成自己人。到一九五〇年代，臺南醫師兼文史工作者吳新榮在田野調查的時候也發現：採訪的對象，會先隱晦自己是平埔族；但如果你繼續追問，他就會說「對啦！其實我們是」。換句話說，平埔族群的多重邊緣特性，使他們在民間社會的族群位置非常曖昧，也使他們的認同變得相當複雜，這不是選擇或放棄可以輕易解釋的。

第二個關鍵是，九十八萬預期人口與閉鎖式血緣認定的身分概念間的衝突。這裡有兩個層次的問題，一是臺灣施行的《原住民身分法》，基本上是一個閉鎖式血緣認定的法律概念，與採用開放式概念預估的平埔族群人口數，原本就不屬於同一種基準，也不宜拿來當作拒絕的理由。而對平埔族群來說，面對九十八萬這種數字，背後的恐懼是：臺灣國族論述對平埔族群血緣的爭奪，比如臺灣九八%都是平埔族的後代等這類的說法。為了強化臺灣民族的非漢血緣，用這類說法將平埔族群的血緣極大化，以「脫漢入原」來形塑臺灣國族主義的策略，歸根究底，還是因為平埔族群多重邊緣的族群位置。我必須強調，民主自由的追求，才是臺灣國家認同的關鍵；炎黃子孫的建構與平埔血緣的極大化，都是我們今天應該超越掙脫的血統論窠臼。

幽微的正義？

最後，我要做一個小結論。一是族群身分的認知與認同，其實與現實生活的際遇，共構成非常複雜的心理機制。平埔族群的身分認知，會與聚落大小、聚居情況——如散居還是集居等形成複雜的變化光譜；就算是混居，也會以各種形式呈現他們與漢社會的不同，如姓氏、信仰、語言、墓碑沒有所謂的堂號祖籍等，這使平埔族群有著貌似漢化的發展，其實內心深處藏存著矛盾的認知。但另一方面，在國家的番界阻隔下，平埔族群與原住民族卻又各有生活空間，而在國家的身分制度下，強化了兩群人之間的距離感。二是為了對抗國族血緣論述，平埔族群在社會語言文化的層面，必須藉由文化復振、語言學習來強化自己的原民性，以凸顯與原住民文化的連結；在歷史記憶上，則以日治時代的「熟注記」作為家族歷史建構的核心，強調自己跟漢社會的差異。第三，介於漢、原之間的平埔族群，既不完全是漢，也不完全是原；原不能完全接受它，漢也不能完全接納它。這種介於兩者之間的多重邊緣位置，不但是平埔族群本身的情感認同與記憶中非常幽暗的面向，也反映著漢社會或法定原住民情感認同與記憶中有一樣曖昧的層面。以上，就是我今天跟大家分享的主題，謝謝。

黃丞儀：謝謝詹素娟老師，最後幫我們點出來平埔族群面對的幽暗歷史是什麼，其實這個幽暗歷史也跟殖民主義，不管是漢人或是日本近代殖民有關係，當記憶身分認同與制度產生連結時，所帶來的問題比我們想像的還更複雜。最後，要請大家都熟知，對於敘事研究有相當深厚功力的蕭阿勤老師來談敘事認同、集體記憶與永遠的幽暗。

蕭阿勤：謝謝丞儀的邀請跟介紹。各位好，我替我的發言下一個題目：〈時間的重擔：敘事認同、集體記憶與永遠的幽暗〉。

一、活在當下？

我們經常聽人家說，人生要活得快樂，就是要「活在當下」。隨便在網路上 Google 一下，各式各樣有名人物的金玉良言、諄諄善誘的勵志小品與心靈雞湯，或是許多大徹大悟的故事，都告訴我們要「活在當下」，不要糾纏於過去，也不要擔心未來，更不要糟蹋現在、要珍惜眼前。

讓我們隨意看一個《今周刊》文章的例子。作者提醒我們：

> 我們一生的痛苦都是因為我們的心：
>
> 不是糾纏在「過去」，就是憂慮在「未來」，不然就是「主觀的現在」脫離「客觀的現在」太遠。
>
> 記住這四句話，將有助於你擺脫痛苦的陰影。
>
> 過去，早就不存在了
> 現在，一切都是最好的安排
> 未來，根本還沒發生
> 本來無一物，何處惹塵埃，隨處應自在[8]

這正是一則典型而常見的「活在當下」的忠告。

二、集體記憶vs活在當下

從一九七〇年代第三波民主化以來，由於關注過去威權統治下被壓迫、被傷害的人群的權益與歷史，以及性別、族群、國族等各種「認同政治」的興起，使得挖掘、保留各種邊緣的或受壓迫傷害的人們的「集體記憶」，變得非常蓬勃，廣受肯定與支持。如此在乎過去與記憶，用一種比較粗糙的角度來看，這似乎與流行的「活在當下」的提醒相違背。

黃丞儀與陳俊宏兩位教授在這次學術座談的計畫書裡，談到「遺忘」在「轉型正義」過程中扮演什麼角色。計畫書提到曾經親自到捷克布拉格拯救六百多位猶太人的溫頓爵士（Sir Nicholas Winton）在一百多歲去世前，接受BBC記者訪問，當問到他認為過去這段歷史留下什麼重要教訓時，溫頓爵士回答：「專注在那些過去上，對我們有什麼好處？」（What good does concentrating on the past do us?）「誰曾經從糾結於過去上面學到什麼？」（Who has ever learned anything by concentrating on the past?）這好像在替「遺忘」與「活在當下」的金玉良言下注腳。

讓我們回想一下，我們曾經什麼時候，覺到自己真正「活在當下」，充分體會那種眼前的自在跟快樂？到處常見的「活在當下」的提醒跟告誡，也許反映的正是要活在當下，談何容易，很難辦到。

三、活在時間中

如果說影響人類存在狀態的兩大要素，一個是空間，一個是時間，那麼時間也許比空間還多了一個奧妙的力量，讓時間要比空間更能夠隨時隨地影響我們。打個比方來說，我們坐在這個國際會議廳，基本上空間是沒有變動的，但時間不斷在變化，一分一秒在溜走，不管我們願不願意。

換句話說，我們可以轉換或逃脫某一個空間，但我們無法逃避時間，這是人類的存在狀態所無可避免的時間面向。我們活在時間的歷程中，幾乎隨時隨地都憑藉著時間來理解我們所經驗的一切。雖然在日常生活安排中，我們用幾分幾秒、幾天幾小時、何年何月何日等精確的時間單位在感受時間，但同樣重要的是，我們通常也以一種處身於「現在」而意識到「過去」與「未來」的方式在經歷時間、感受時間。我們所經歷的現在，隨時變成過去，未來也會成為現在，然後馬上又變成過去。過去一直遠離我們，現在繼續消逝，而未來則迎面而至。[9]

在這種生命存在及生活經驗必然的時間情境中，我們對於不斷進行的過去、現在與未來，隨時在進行「敘事的理解」（narrative understanding），也就是說，我們將過去與現在的經驗或事件，以及對於未來的期望與假設，納入一個具有情節性質的關係整體中去求得相對的定位與意義。這個具有一幕又一幕的情節發展，有開頭、中間、結尾的序列安排、有內在意義連繫的整體，就是「敘事」，或者說「故事」。對於生命存在與生活經驗進行情節化的敘事建構，或者「說故事」，使人們在時間的流變中可以掌握所經歷的事物的意義，也維持對自我理解的完整一致，確立「認同」，知道我是誰、我要做什麼、為何要這樣選擇等。[10]

四、敘事（故事）與認同

因為「敘事」與「認同」兩者關係如此緊密，兩者是一而二、二而一，雞生蛋、蛋生雞，所以我們將兩者放在一起，稱之為「敘事認同」（narrative identity）。這意思是說，如果我們不知道自己是誰，沒辦法確定自己的認同，不可能說好一個故事，不管是關於自己的、或是關於別人的、關於外在世界的故事。反之，沒辦法說好一個自己的或是關於別人的、關於外在世界的故事，也可能就反映了認同的模糊、不確定或混亂。我們不只說故事，故事也在「說我們」。故事總是有自我反身的（self-reflective）面向，因此透露著關於我們自身的種種。人類社會到處存在著故事，而我們自己也往往以某種方式展現在我們所說的故事中。[11]

換句話說，人類之所以是「說故事的動物」，正因為人類是「時間的動物」，以一種過去、現在、未來糾結的方式感受自己的存在，而敘事或故事，就是最足以彰顯這種人類存在方式的語言表達。正因為時間給我們無比的重擔，我們沒辦法擺脫過去，而現在跟未來也糾纏在其中，所以我們需要不斷地講故事，在故事中回憶過去、理解現在、想像未來，藉此不斷確立自己是誰。人是時間的動物、人是說故事的動物，這是為什麼我們要「活在當下」如此困難的基本情境。

我們可以說，人類存在的基本情境變成「人性枷鎖」，這就像英國小說家毛姆說的，「為了異於禽獸，人類付出了多麼大的代價啊！」[12] 這正是漢娜．鄂蘭在她的《人的條件》（*The Human Condition*）一書中所分析的基本「人類境況」之一。事實上，漢娜．鄂蘭的這本書正是「敘事認同」理論的先驅之一。她在書中引用丹麥作家伊莎．丹尼森（Isak Dinesen）的話：「所有的悲傷痛苦都可以忍受，只要你把它們放到一個故事裡，或者講成一個故事。」[13]

五、時間的重擔與說故事

時間的重擔無比沉重，所以我們需要講故事，既有回憶，也有歷史。講故事，既是重擔，也是抒發與解放。英國小說家斯威夫特（Graham Swift）在小說《水之鄉》（*Waterland*）中，藉一位中學歷史教師說道：

孩子們，只有動物才完全活在「此時此地」。只有大自然既不知回憶，也不知歷史。但是人類——讓我給你們下個定義——是一種講故事的動物。不管一個人走到哪裡，他想留下的絕不是一團混沌，一段空白，而是能撫慰人心的故事的浮標和印痕。他只能繼續不停地講故事，他必須不停地編造故事。只要有故事存在，一切就安然。據說，即使是在人生的最後時刻，在生命隕落的最後一秒鐘——或是在淹死前——他會看見自己一生的故事在他眼前飛速閃過。[14]

這段話，正呼應鄂蘭引用丹尼森的話所要表達的意思。鄂蘭進一步說：

人類事務的領域是由人際關係網構成的，只要人生活在一起，就會有它的存在。透過言說揭露「誰」，透過行動啟動一個新的開端，總是會落入一個既存的網，而可以感覺到它們在其中的直接影響。它們一起開啟一個新的歷程，它最後會形成新進者獨一無二的生命故事，以絕無僅有的方式影響到他接觸到每個人的生命故事。……每個人的一生最後都可以訴說成一個有開場和結局的故事，這是歷史的前政治（prepolitical）和前歷史（prehistorical）的條件，而歷史本身則是沒有開始也沒有結束的偉大故事。[15]

鄂蘭在這裡指的是歷史的「本質」，亦即歷史源自人類的行動，而行動必然涉入人際關係網及其中無數相互衝突的意圖，因此行動經常事與願違，充滿不確定與未知數而無法預料。就這種本質而言，她認為不僅人類整體的歷史難以追溯源頭及啟動者，同時尚未終結，而即使具體的連串事件，也經常僅可找到發動者，但這個發動者卻很難說決定了最終結局。[16]不過，雖然歷史的本質誠如鄂蘭所言，沒有開始，也沒有結束，其過程滿布衝突、意外、未知與混沌，但人們所訴說的個人、組織、團體、族群、國族等的歷史故事，卻通常有意無意迴避這些，而致力於呈現為一個具有秩序與意義的整體。

六、集體記憶與歷史的幽暗

人們的記憶，通常是將過去「敘事化」、「故事化」的結果。尤其是一個組織、團體、族群、國族等的「集體記憶」，通常就是一種歷史敘事的模式。在將過去做情節安排，呈現為開頭、中間、結尾的序列，將它們凝聚成一個有意義的故事時，需要選擇、編排、剪裁甚至遺忘。正是在這種過程中，讓我們見識到人們記憶的複雜多變，讓我們對於人們的敘事與認同的可能性、多樣性感到無比驚訝，也因此見識到歷史的「幽暗」之處，也就是the ambivalent past——更恰當地說，是過去令人感到矛盾、模稜兩可、含糊不定而無可名狀，並非黑白分明的部分。

以我研究的臺灣一九七〇年代為例。關於臺灣民主化等相關現象的研究，或者說，現在關於臺灣民主化的故事，通常都聚焦在高雄美麗島事件後、一九八〇年代以來的發展，而關於一九七〇年代的研究相對比較少。關於臺灣一九七〇年代的敘事，通常只是將這十年當作民主化的前奏與苗頭，會提到保釣、中華民國喪失聯合國的中國代表權等外交挫敗、黨外運動發展快速、鄉土文學興盛等，但大致忽略七〇年代政治與文化變遷作為普遍的「戰後世代」現象，忽略中國民族主義教化對戰後世代年輕人的顯著影響。

七、例子：呂秀蓮

讓我們看看呂秀蓮前副總統的例子。[17] 一九七一年夏，呂秀蓮在美國獲得比較法學碩士學位後回臺灣，開始提倡「新女性主義」，相當活躍，備受矚目。這個時候的她，與一般戰後世代的年輕知識分子一樣，懷抱著鮮明的中國國族認同，自認為是生長在臺灣而「接受了二十多年正統中國教育的女孩」，並且認為推動新女性主義不無承接清末民初中國婦女運動的歷史意義。[18] 一九七四年春，她在報紙上的專欄文章集結成書，相當受歡迎而再版。在〈再版序〉中，她曾經誠摯地表白自己的國族認同，流露強烈的使命感：

> 有位朋友說我的話：「剛健中帶著嫵媚俏皮，革命中帶著和平中正」，有位讀者則謂此書「充滿了中國的儒家思想」，前者我固愧不敢當，後者則欣然承受。我這樣說，並無意為自己的狂肆放烟幕，乃因我已體認到生為中國人，死必為中國鬼的事實，我於是更加努力於使自己做一個中國人——一個更比〔為〕現代，更比〔為〕邏輯，更比〔為〕活化的中國人。或許這正是此書能引起高速度共鳴的原因所在吧？斯時斯地，你我所追尋的，所需要追尋的，不正是一條現代的，邏輯的也活化的中國之路嗎？[19]

然而在倡導新女性主義的過程中，除了遭受各種批評之外，國民黨不斷透過情治單位騷擾與壓制，使呂秀蓮領悟到其中涉及更深刻的政治因素。一九七八年夏，她再度前往美國時，接觸到大量關於臺灣而以往所未見的史籍，體認到自己與其他人對臺灣歷史都缺乏瞭解，於是開始整理資料與寫作。對於臺灣過去的重新認識，使她「深覺婦女的本質問題與臺灣人的歷史命運有許多若合符節的地方」。[20]

一九七八年底，她以黨外候選人身分，投入桃園縣增額國民大會代表選舉。在競選活動期間，她出版了《臺灣的過去與未來》一書。呂秀蓮當時形容自己，「從一個社會工作者變成政治工作者，從女性問題的探討走向臺灣問題的思考」。在《臺灣的過去與未來》一書中，呂秀蓮明白指出有關臺灣歷史的著作不少，但「絕大部分的記載與論述都著眼在中國正史的角度」，「不曾真正以臺灣本土作主體」。因此她決定在探討臺灣的過去時，「大膽地超越傳統中國本位主義的立場，只單純地站在臺灣本土以及居住在臺灣本土的人民的立場」。[21]

對呂秀蓮而言，臺灣的過去是一部充滿移民與殖民過程的開發史：移民者在臺灣尋找安身立命之地，能「與臺灣認同，老死臺灣」；反之，殖民者卻搜刮剝削，壓榨人民，「既不認同臺灣，臨危則三十六計逃為上策」。她指出西班牙、荷蘭、明鄭、清廷與日本的「外來政權」，以「少數人統治多數人」，都是與人民之間彼此沒有認同、利害相反的殖民者。因此她強調：「臺灣歷史的基本特色是，它是一段三百年來沒有主權，身不由己，任人擺布的悲慘歷史！」呂秀蓮「回顧過去」、「瞻望未來」，認為臺灣在國際上孤立、前途堪慮，島上的人民必須「當家作主」，擺脫如同孤兒、養女的歷史悲運，爭取對土地與政府的主權，自立自救。她強調：「臺灣島上的住民無所謂本省外省之分，只有移民先後的不同而已，凡是認同臺灣，願意與臺灣共存亡而同甘共苦的都是臺灣人」。[22]

對照呂秀蓮本人四、五年前「生為中國人，死必為中國鬼」的說法，這不免讓我們對於人們的認同以及他們所倚賴的歷史敘事可能的變化，感到驚訝。探討這些，我們並不是要揭露什麼個人的「黑歷史」，而是要理解到：回到過去的歷史現場，也許有許多令人矛盾、模稜兩可、含糊不定而無可名狀，並非黑白分明的「幽暗」之處，而這些在我們建構臺灣民主化的集體記憶時，在訴說臺灣民主化的故事時，當這些集體記憶或故事成為歷史時，通常被遺忘。

事實上，當我們在述說關於自己的故事時，遺忘與記憶也許同等重要，甚至更加重要。我們所遺忘或遺漏的過去，也許永遠比那些選擇說出來、記得說出來的多。當我們的故事愈說愈清楚，因此也愈來愈清楚我們是誰時，我們可能也愈來愈遺忘或遺漏。歷史因此有永遠的幽暗，而那些幽暗之處，也許正是人性最令人驚訝、讓人敬畏、讓人感到無力的所在，但那又可能是人性充滿種種可能，有著種種希望的所在。

八、政治理論與歷史敘事

政治學者丁恩史塔格（Joshua Foa Dienstag）以洛克、尼采、黑格爾為對象，探討歷史敘事在他們三人的政治理論中的重要作用。[23] 他指出，我們必須探究他們藉著歷史敘事所建構的時間感，才能更瞭解這些理論家本身及其理論；他們對過去的理解、對未來的期望，形塑他們自己當下的認同，而他們也企圖塑造讀者的認同。丁恩史塔格如此強調：

我主要的論點認為，政治理論並非依賴抽象的權利與義務的概念，而是經常藉著提供一種特殊的時間感來試著引導讀者。那種時間感不只靠邏輯來說服，也用一種更令人信服的歷史陳述、以及對讀者將要扮演的特殊角色的說明來說服。……政治理論及過去與未來的問題，要比別人有時候讓我們以為的還多。換句話說：政治理論的事業往往與其說是改造我們關於是非的準則，不如說是改造我們的記憶。[23]

九、現實政治與歷史觀、選擇與遺忘

如果說政治理論與其說是在改造我們關於是非的準則，不如說是在改造我們的記憶，那麼現實的政治更是如此。現實的政治，包括轉型正義的理念與實踐等等，總是基於某種特定的歷史觀，需要特定的歷史敘事與集體記憶。然而我們知道，記憶與遺忘並存，我們所記得的歷史有永遠的幽暗，那些令人矛盾、模稜兩可、含糊不定而無可名狀、並非黑白分明的，可能逐漸消失。

我們活在時間中，活在過去、現在、未來的糾纏夾雜中。為了要知道我們自己是誰、我們從哪裡來、又要往何處去、我們要做什麼、我們應該要怎麼做，所以需要說故事，說自己的故事，說自己所屬的群體的故事。我們需要記憶，我們需要歷史。作為需要集體歸屬與集體認同的人，我們注定沒辦法活在當下，無法享有活在當下的自在與快樂。如果我們背負某一種歷史敘事與集體記憶，那是因為我們選擇要成為什麼樣的人、有怎樣的認同，不管出於自願或者是被教化而來的，在現實政治中，那是一種選擇，選擇願意承擔某種責任。

但是當我們在做某種愈來愈清楚的選擇的時候，也許我們不妨同時留意歷史中那些幽暗、矛盾、模稜兩可、含糊不定而無可名狀、並非黑白分明的部分。也許就是那些展現人性的寬廣與複雜，讓人驚訝、讓人敬畏而感到無力的地方，跟我們用法律來追求轉型正義一樣，都具有教育的意義。這也許就像在某些時候，適當的遺忘，跟記憶一樣同等重要，而且同樣具有教育的意義。

謝謝各位。

綜合討論：探尋歷史的曖昧與社會文化基礎

黃丞儀：謝謝蕭阿勤老師，把我們的討論做一個非常好的暫時的結論。接下來是第二輪發言，臺上五位老師都可以針對其他老師剛剛提到的內容，做進一步討論，或者第一輪發言的時候，有未盡之意可以在這個部分做補充，那是不是從鄭老師開始，謝謝。

鄭毓瑜：這場座談真的提供了好豐富的面向，除了我跟單老師從文學出發，還有從社會、歷史，或者是政策方面進行很多講述，我覺得受益很多。如果有初步的共識，我想是黑暗與光明並非絕對，還有最後蕭阿勤老師講到，到底要記得還是要遺忘，就像向秀的〈思舊賦〉，他就選擇可不可以就把我忘記。在忘記與記得之間，言說或沉默總是充滿矛盾。

這矛盾其實與語言文字在表述上的種種策略有關。當自然科學進行分類的時候，有公式、有原理可依循，可是在社會生活上，語言的使用，是一種牽涉主觀意識、文化形式與政治意識的動態調整。語言因此在選擇／不選擇之間，有太多如何與為何的重重難題，更何況語言文字又常常被操作為血緣、認同的表徵。而血緣或語言的選擇，人可能沒有太多自由。比方說臺灣有一代的人，一定要學國語，不能講方言，當然，這樣的政策讓人厭惡，更可怕的是同時失去理解臺語、日語、客語、原住民語等等不同面向的語言文化與世界觀，當然也可能失去了跨主體或互為主體的共感。

楊牧老師〈有人問我公理與正義的問題〉是非常著名的一首詩，其實這首詩是從一個提問開端，詩中的新臺灣之子，到底要選擇他父親華北的鄉音，還是海島母親的日本童謠？最後，詩人並沒有給出答案。另外，剛剛有談到美麗島事件，一九八〇年三月，楊牧老師寫過一首詩，當時沒有發表，題為〈悲歌為林義雄作〉，在這首詩裡面有兩句非常有意思：「知識的／磐石粉碎冷澗，文字和語言／同樣脆弱」，詩人沉痛的坦承，或許也是一種提醒，在不可思議、毫無情理可言的現實之前，不管是知識、文字和語言，都只能頹然放手。

單德興：今天確實是個特殊的場合，一般談論轉型正義的相關議題，主要是從法律、政治、社會的角度切入，而這次座談會則以更寬廣的視野，針對主辦單位所規劃的主題，從人文與社會科學的不同角度，也就是由中文、外文、西洋歷史、臺灣歷史、社會學等不同專業的學者，提供各自的反思以及某種程度的敘事。尤其是蕭阿勤老師的總結，讓我這個文學專業人士都覺得自嘆弗如，好像沒辦法為文學做這麼好的辯護——雖然詩辯、為文學辯護是西洋文學史的重要傳統。來自其他學門的學者對於文學的高度肯定，因為不涉及學科利益，可能比本門學者的說法更有力道。至於今天的主題所牽涉到的遺忘、失憶、回憶、記憶等問題，不論是在文學作品、現實生活或歷史中都非常複雜，也非常重要，值得探究。

的確像鄭老師所說，文學也有提問、提醒的功能。比方，歐威爾《一九八四》中，對於過去、現在、未來有一套相當弔詭的說法：「誰掌控了過去就掌控了未來，而誰掌控了現在就掌控了過去。」也就是說，只要能掌握住現在的主控權、詮釋權、話語權，就能詮釋、掌控過去，而能詮釋、掌控過去，就能想像、策劃、掌控未來。換句話說，當下不同的認知或立場，會對過去有不同的詮釋，進而對未來有不同的想像，而這些不同的認知、立場、詮釋、想像，都會產生相互競爭、彼此角力的敘事（competing narratives）與說法。這也就是為什麼我們要一直不斷地研究歷史，呈現敘事，講故事，從事文學創作，進行解讀、分析與思辨。

另外，從剛剛五位與談者的發言，可以看出對這次題目多少有些疑問或想請教的地方。這次座談會的主題是「面對幽暗歷史」，英文標題是「dealing with the ambivalent past」。我好奇的是，當初題目的發想是先有中文，還是先有英文？因為我也從事翻譯，比較喜歡咬文嚼字。像是「dealing with the past」中的 dealing with，一般中譯是「處理」，這邊則翻成「面對」——「面對」一般譯為 facing 或 confronting，而「面對」與「處理」好像有時間、程序或程度上的差別。因此我剛剛在報告時就問「HOW」，也就是「如何」來面對或處理。其次，中文的「幽暗」變成英文的 ambivalent，這個轉換本身好像就有點 ambivalent。因為 ambivalent 有曖昧兩可、或明或暗之意，與中文的「幽暗」未必能等量齊觀。還是說因為「幽暗」，以致看不清楚，而出現曖昧的結果？至於「歷史」與 past 之間的關係，是否凡是過去都可成為歷史，或者使被壓抑的過去重見天日，成為歷史的一部分，歷史學家可能會有不同的說法。而今天座談會的中英文主題之間相似卻又不完全等同，箇中的「曖昧」是不是暗示在不同語境與文化脈絡下，可能有不同的表達、詮釋與應對之道？以上只是身為譯者的我個人的好奇。也許可以請命題者稍微解說，供大家進一步省思。

戴麗娟：其實我沒有什麼要補充的，我非常感謝有這次機會能夠做跨領域的交流。鄭老師和單老師的報告讓我又興起文學的想像，讓我覺得尤其是文學，當我們一旦進入的時候，事實上它可以表達的真實感，有時是比真實更真實的，它不是虛構的，例如說它引起的痛切感可能是更真實的。而這些可能是歷史學達不到的。剛剛詹老師講的平埔族群，這個議題在媒體、輿論多少都可接觸到，可是今天聽到詹老師很精簡地跟我們陳述的時候，我真的當下就感覺到這個課題有多困難，這個是臺灣內部很特別的一個議題，它本身就很難處理，所以可以想像有很高的困難度。蕭老師的敘事，其實以前我就聽過蕭老師的演講，辦歷史研習營的時候也請過蕭老師，蕭老師講的敘事跟時間感，這問題也是屬於歷史學裡常常會提到，可是也可能沒辦法像蕭老師講得這麼好。

我個人作為參加者的感想，覺得像今天這樣的主題與會議，其實就辦這麼一次，但事實上我們常常需要討論，可是臺灣目前的情況，沒有一個地方、一個平臺，讓大家可以持續思考這些問題，尤其看起來不管中外、古今已經累積非常多作品、個案跟一些情境，是大家可以討論，培養敏感度，或是讓想討論這個議題的人有地方可以去，這就是為什麼，我對中正紀念堂轉型曾經提過一個公民方案，未來中正紀念堂轉型可能實現的話，可以成為那樣的空間和平臺，尤其它就在市中心，我們可以想像有一天，想討論任何這類議題，不一定是轉型正義，就是和困難歷史或威權政治有關，或只是純粹想多瞭解，就有個地方去，可以在那邊看到很多相關主題的文學作品與相關的電影，很多演講可以參與，很多討論會、讀書會可以在那邊舉行，我覺得會是很棒的情境，但目前是沒有的。怎麼樣讓這些不同的故事，可以多被聽到、多被敘述、多被理解、多被交流，對公民素養的養成很重要，我們這個世代有責任為下一代，沒有經歷過威權政治的世代，提供一個橋梁，謝謝。

詹素娟：謝謝黃老師的邀請。雖然我對今天要談的主題花了很多時間想，但不能夠掌握得很好。我在這裡的第一個感想是，進入國中時，跟我感情最好的五舅送給我兩種書：一個是陳之藩的《在春風裡》、《旅美小簡》，另一本就是《葉珊散文集》。國中三年，我把《葉珊散文集》當成寶典，尤其對他熄掉燈光，傾聽《田園交響曲》，在月光下眼眶泛淚的描述，印象非常深刻。到了楊牧時期，我也一直追讀他的作品。今天兩位文學前輩談到了楊牧，對我來講，好像重啟少女時代的文學之夢。

戴麗娟老師談的困難遺產，其實在原住民轉型正義中，也針對歷史事件的紀念碑問題有很多討論。因為一個歷史事件的發生與過程，其實涉及各種群體，除了殖民方的日本人，有遭日本人鎮壓的族群，也有被動員的族群。在把日治時代為了紀念討伐殉職日本人的紀念碑，轉化成紀念被殺害原住民的紀念碑時，是只建一個新碑？或新舊碑並列？事件中其他族群的位置如何處置？都還有很多值得討論的空間。

至於蕭阿勤老師用呂秀蓮前副總統的文本談歷史敘事的案例，讓我回想到一九八〇年代、一九九〇年代到二十一世紀，在田野中遭逢的平埔族人。一九八〇到一九九〇年代，我碰到的七、八十歲老人，往往會隱晦自己的族群身分；他不是不知道，只是不想談，或他自己很清楚地知道，但他的兒孫不知道。所以，當我們跟他談地方歷史的時候，他會說：「奇怪，我的小孩都不知道，你怎麼會知道我是『番仔』？」但是到了二十一世紀，說法就會變成：「我們一直很清楚地知道，也很認同啊！」換句話說，在短短二、三十年之間，認同，產生了劇烈的變化。

這是一種選擇，也是族群意識的覺醒，沒有誰是誰非。但這種在時間變遷中的複雜性，可以讓我們繼續思考；蕭阿勤老師的討論，給我很大的啟發。

蕭阿勤：我在準備發言稿的時候，在寫作過程中，不斷回頭看黃丞儀與陳俊宏兩位老師的規畫書。規畫書寫得非常好，非常清楚，但我一直在揣摩，到底兩位老師要做什麼，我們受邀者又要做什麼，我的發言不能文不對題。我的瞭解是：這個座談會有意在針對單從立法、司法、法律從事轉型正義的工作，反省其可能的限制，或者帶入其他角度、資源來思考轉型正義。從法律、立法、司法去推動轉型正義，絕對值得肯定與支持，不過這好像是一個金字塔頂端的工作。這需要有金字塔下面又寬又廣的、自由民主的社會文化基礎來支持頂端的事業。如果這樣的話，另一方面，則這個在頂端從事的事業，也需要能轉譯，亦即經過轉化翻譯的方式，回饋到這個社會更下面、更廣大的社會文化基礎，增添更廣大的磚瓦，以便回過頭來去支撐上面的頂端的法律事業。這個轉化的工作，不管從上到下將法律的成果推廣，或是反省其非意圖的後果、揭露其相關歷史的幽暗與令人驚訝的發現等，應該都要能夠產生教育的意義，亦即轉化成轉型正義金字塔下面更廣大的社會文化基礎。這恐怕就不是單純法律的範圍所能夠擔負的任務，而是我們今天受邀出席發言的各位所代表的文學、歷史、社會學、政治學等領域，甚至包括宗教、繪畫、藝術等領域所擔負的角色。我認為，這是我們今天來參與這個座談會的意義所在。也只有在頂端的事業轉化成金字塔下面更廣大的社會文化基礎的時候，當這個基礎愈來愈廣大時，才能回饋到上面所從事的頂端事業，而轉型正義的成效也才能更加彰顯，有利於自由民主、公平正義社會的發展。這是我對於今天座談會意義的理解，謝謝。

黃丞儀：謝謝在場五位老師，我們還剩一點點時間，待會開放現場提問。剛剛單老師還有幾位老師都提到，關於這個座談會的規畫，還有名稱，線上也有臺大歷史系宋家復老師提到，那是不是用 multivalent，不一定是 ambivalent，這個幽暗跟 ambivalent 不對稱的狀況。我簡單說明一下，我們在處理轉型正義或是威權統治時期，很多歷史素材裡面，我們會發現，很多時候不只是面對人性的幽暗面，還包括事實的幽微。大家會覺得說法律好像可以解決所有問題，法律是公平正義的來源，事實上法律沒有證據的話，是沒有辦法判斷任何事實的，而這些證據在時間的長流裡面，都消失了。甚至漢娜．鄂蘭《人的條件》也有提到，證據的製作本身也是可以被操作的。在種種狀況底下，其實我們面對的可能不見得是所謂的 truth（真相）。世人熟知的南非真相和解委員會，就不採取這種 investgative turth（調查真相），它是用 dialogical turth，也就是真相是在對話的過程中才出現，這種真相能不能說符合客觀歷史上面，可以經得起所有人考驗的真相呢，其實恐怕不見得是在追求 dealing with the past（面對歷史）的過程中最重要、最核心的一個問題。

舉例來說，陳翠蓮老師最近研究鹿窟事件的檔案。過去我們可能會覺得說，國民黨的威權壓迫，可能造成陳本江這些人欽慕共產主義或地下共產黨員在鹿窟山區的集結與反抗，這形成一個英雄敘事，變成地下黨員是一個英雄，他在反抗邪惡的國民黨。然而陳老師最近的研究發現，這些地下黨員或在鹿窟地區的組織可能也從事了一些迫害的事情，有些資料顯示他們對村民迫害、對女性迫害。所以這當中，原先翻轉國民黨敘事的地下黨員的英雄敘事，又會再面臨一次的翻轉。在南非的真和會調查當中，屠圖大主教在詢問曼德拉的前妻溫妮·曼德拉的時候，因為溫妮·曼德拉是非洲民族議會（ANC）的武裝勢力主導者之一，他們自己也對內部成員有非常殘酷的壓迫行為，屠圖大主教以哀求的方式，懇求溫妮說，為了這個國家的和諧和未來，能不能請妳把真相說出來，到底ANC的武裝勢力，有沒有迫害自己黑人，溫妮還是拒絕回答，她下面的所有人都說了，但溫妮·曼德拉拒絕回答這個問題，到底真相是什麼，我們也不知道。但幾乎可以說，百分之九十可以確定，的確發生了這個事情。但是當當事人自己不承認的時候，我們有什麼辦法去 dealing with it（處理它），我覺得我們可能沒有辦法去「處理」，處理是一個比較強烈的動詞，但至少我們必須要「面對」這樣的過去，以上是我簡短的說明。不知道現場有沒有聽眾要提問。

提問者：很謝謝各位老師今天很精采的分享，我是彭照軒，是戴麗娟老師的學弟，我是法國高等社會科學院歷史系的博士生。我個人的研究對於知識生產的社會跟政治意義很有興趣，所以很想瞭解在場老師對這個問題的看法。正如黃丞儀老師開場所說，轉型正義面對幽暗歷史等等問題在今天的臺灣已被很大程度地政治化，但我想知道各位老師作為學者在這方面的立場是什麼，而我所說的立場不是政治立場的意思，而是說作為學者，我們的工作遵循一定的方法，產生的論述在社會上也有一定的權威，在這個前提下，又在這個政治語境愈見極化與險惡的同時，各位老師怎麼看待自己的學術生產與知識工作。謝謝。

黃丞儀：謝謝，那明修你有問題嗎？可以啊，因為你也是主辦人。

何明修：我是人社中心何明修，謝謝丞儀跟俊宏辦這個活動，我不知道原來各位收到丞儀的邀請函之後，都在解讀到底是多幽微。我也從我們這邊說明一下。人社中心都會辦跨領域活動，有小組在規劃，為什麼會有這個動機是因年初時發生政治檔案公開，某位市長被講是抓耙子的事件，我們就在討論，當政治檔案公開之後，是好的嗎？後來討論就覺得，黃丞儀老師跟陳俊宏老師是很好的對象，然後丞儀老師就送上來那個規畫書，我就想說怎麼可能，All Star 陣容，這不可能吧，謝謝各位老師都來了。我後來跟丞儀老師談，那時爭議在於那位市長是不是抓耙子，一開始就被逼政治表態時，就很容易把歷史的複雜性簡化了，選項就變成一或二，支持或不支持。我覺得有點像這個禮拜美國在調查一月十六日國會暴動的國會聽證，事實是都拿出來，可是我今早看《紐約時報》，共和黨有三種反應，第一個不理，第二繼續講那是政治迫害，第三就是那不重要，所以即使有國會調查，就像五十年前的水門案國會調查，到現在你問美國人真相是什麼，大家還是隨黨派立場走，我覺得各位老師能從不同面向把這個幽微或很隱晦的心理，尤其是文學作品的解讀，很多是心裡的感覺，我覺得講出來是很好，而不是大家被迫在這個議題上表態，就像剛才很多老師講的，歷史是多元，當事人感受是破碎、不完整的，當大家拼在一起的時候，其實不是完整的圖像。謝謝。

黃丞儀：謝謝明修。剛剛這位同學的提問是不是先請戴老師做回應，其他老師如果有什麼想法也可以再予以回應。謝謝。

戴麗娟：謝謝，對這個問題，我一時很難有個完整回答，我只能說以我原來做法國史的情況。我回到臺灣也已經二十年了，能做的就是把所累積或知道的一些知識，融會貫通，轉化成可以跟當代社會呼應的方式，尤其是當代社會有一些需求的時候。當然這不會影響到我自己原來的研究，反而可能擴大我的視野。我個人是希望能夠走出象牙塔，跟當代社會議題有所對話，可是這並不表示說作為學者，我們提供的答案就一定是最準確的，我們的答案可能只是眾多答案的其一。對年輕學生來講，我會希望大家在想議題的時候，可以一直不斷讓大歷史跟小歷史之間做對話，去想想看自己在做的議題裡面，可以跟較大的議題有什麼樣的對話，同時，一些大的理論，它有時還是沒辦法關照到每一個案的特殊性，那我們在做個案的時候，就可能擴大、豐富既有的理論架構。這大概是我目前想到的。

黃丞儀：鄭老師剛剛好像說要擺脫既有框架。

鄭毓瑜：進行文史研究，常常有個基本要求，就是要還原歷史現場。可是你知道，任何還原都難免帶著預設的框架，因此當我們面對還原這件事本身，就會不斷提醒自己要更小心謹慎而且保持寬容的理解。在課堂上不但希望盡可能並列各種差異，並列各種可能的差異以後尤其不要太快去判斷或確定答案。我很喜歡海德格講「世界中」（worlding）的概念，一切都相與共在，但同時也應該不隨意插手他人事物或定義別人，當你自主、自覺，自己能負責任的時候，那才是支撐我們理想社會的重要支柱。

單德興：以謙虛、審慎的態度面對紛雜繁複的現象，是很重要的。另一方面，知識生產與傳播也很重要。借用剛剛蕭老師的比喻，身為學者的我們，在知識生產的過程中位居金字塔上端，不只要謹守專業知識，而且要從事創新，承先啟後。然而，高處不勝寒，金字塔上端是滿寂寞、滿寒冷的，也需要多取暖，接地氣，避免不食人間煙火，而淪為脫離現實之譏。因此，或許可以多多爬上爬下，把我們的專長與發現，除了以學術論文或專書的方式呈現，也以其他方式進一步達到「科普」、「學普」、「文普」的效用，包括今天這種座談會的方式，讓平常待在象牙塔裡的學者，有機會進行個人知識的分享、轉譯、接軌、傳播，也能與更多人接觸、溝通、學習，對彼此都有益處。因此，我非常高興今天有機會參加這個活動，努力向內挖掘，向外連結，在這裡再次謝謝籌劃的黃老師與陳老師。

詹素娟：剛才蕭老師提到：法律、法令的討論，或者說政策是金字塔的頂端，其實下面有一大塊是需要社會共識。黃丞儀老師也提到，所謂調查的真實或對話的真實等。什麼叫真實？歷史學家絕對不敢說他重建的「歷史」就是「真實」，所有的歷史學家都可以認知這一點。我只能說，面對不同族群的歷史遭遇，我們應該要保持一定程度的同情、理解；這個理解是，有時候我們不能用當下的價值觀來解釋歷史的遭逢。換句話說，很難用二十一世紀當代，原民性建構非常強烈，或原住民族法政地位很高時刻的原住民處境，去評斷一九五〇、一九六〇年代時候臺灣原住民族的作為。我想，如果隨意以今非古，對歷史上的人或現在的人，都未必公平。對學者來說的知識生產，卻是被研究者的生命經驗。作為一個所謂的研究者，其實還有很多需要學習與體會。

蕭阿勤：關於學者的貢獻與角色，我們今天坐在這邊，不就是證明了嗎？我的意思是，上帝有上帝的事業，凱撒有凱撒的事業，上帝跟凱撒有時會交戰，有時也會合作，有時還會共謀。那麼學者呢？學者有學者的事業跟角色。我相信今天坐在這邊的各位，跟我一樣證明了學者有自己的角色與事業。我們可能在說故事，說上帝、凱撒的故事；我們有時候可能也不小心，假裝自己在從事上帝的事業，假裝在做凱撒的工作。但我還是要強調，回到這個座談會的規畫書，其中提到現在資料愈蒐集愈多，也許會讓我們對過去與轉型正義有關的歷史愈來愈清楚。這當然是理想。但是我們知道，資料愈來愈多，未必愈來愈好管理，除非你做了什麼選擇、下了什麼主題去整理它們、理解它們。不管是轉型正義、現實政治、學者角色也好，或者表達什麼想法也好，都是一種選擇。我們不用假裝資料蒐集後，我們就會達到客觀中立，我想沒有這回事。這畢竟有一個「我」在其中。你要扮演上帝，扮演凱撒，或是扮演說故事的學者，一百個學者有一百零一個學者的樣子，都不一樣，這終究是一個選擇。所以，我對剛才彭照軒同學提問的回答是，不可能有一個單純而理想的學者樣貌，而是你不斷在做選擇。也許作為學者所擁有的好處是，你永遠覺察自己的無知，我想這是今天在此探討幽暗歷史，我不斷強調選擇、故事、認同、有一個我等等，所要表達的。

黃丞儀：謝謝臺上五位老師今天非常精采的分享，面對幽暗歷史其實是很困難的工作，也有非常豐富的內容有待我們繼續探索，謝謝大家。

注釋

1 Erica Lehrer, Cynthia E. Milton & Monica Patterson ed., *Curating Difficult Knowledge: Violent Pasts in Public Places* (New York, NY: Palgrave Macmillan, 2011). Julia Rose, *Interpreting Difficult History at Museums and Historic Sites* (Lanham, MD: Rowman and Littlefield, 2016). T. Epstein & C. L. Peck ed., *Teaching and Learning Difficult Histories in International Contexts* (New York, NY: Routledge, 2018).

2 二〇一六年八月一日「原住民族日」，蔡英文總統代表政府就臺灣原住民族四百年來承受的不公平待遇，提出正式道歉；同時，宣布設置「總統府原住民族歷史正義與轉型正義委員會」（簡稱原轉會），並親自擔任召集人，與各族代表共同協商後續的政策方向。

3 即土地小組、歷史小組、和解小組，分別設置於原住民族委員會、教育部、文化部文資局。

4 原民會因應「大法官審理一〇九年度憲三字第一七號臺北高等行政法院第三庭聲請解釋案」，檢送的補充意見書（原民綜字第 1100067226 號）則指出：內政部自二〇一八年起，命全國各戶政事務所計算日治時期登記為「熟」、「平」者，其直系血親卑親屬現存人數，約為九八萬一六四一人。

5 依原住民族委員會公布資料，二〇二二年六月原住民族人口數為五八萬一六九四人。https://www.cip.gov.tw/zh-tw/news/data-list/940F9579765AC6A0/2276C0E026A831376F51CB2375B3D43B-info.html。二〇二二年十一月二十日瀏覽。

6 in between 的位置與處境，討論甚多。讀者可以參考西拉雅族女性學者謝若蘭的自陳：謝若蘭，《在，之間・in between：認同與實踐之間的學術研究儀式》（新北市：稻鄉出版，二〇一七）。

7 葉高華，〈排除？還是放棄？平埔族與山胞身分認定〉，《臺灣史研究》二三・三（二〇一三），頁一七七至二〇六。

8 林文欣，〈記住四句話，才能活在當下〉。《今周刊》，二〇二〇年七月二十二日，https://www.businesstoday.com.tw/article/category/80407/post/202007220046/，二〇二二年六月十三日查閱）。

9 蕭阿勤《回歸現實：臺灣一九七〇年代的戰後世代與文化政治變遷》（第二版）（臺北：中央研究院社會學研究所，二〇一〇）。第一章；蕭阿勤〈敘事分析〉。見瞿海源、畢恆達、劉長萱、楊國樞主編，《社會及行為科學研究法：質性研究法》（臺北：東華書局，二〇一五），頁一三七至一七二。

10 同上。

11 同上。

12 毛姆（William Somerset Maugham），王聖棻、魏婉琪譯，《人性枷鎖》（下冊）（臺中：好讀出版，二〇一七〔一九一五〕），頁三一八。

13 Hannah Arendt, *The Human Condition* (Chicago: University of Chicago Press, 1998 [1958]), p. 175.

14 斯威夫特（Graham Swift），郭國良譯，《水之鄉》（*Waterland*）（南京：譯林，二〇〇九〔一九八三〕），頁五五至五六。

15 漢娜・鄂蘭（Hannah Arendt），林宏濤譯，《人的條件》全新修訂版（臺北：商周，二〇二一〔一九五八〕），頁一八四至一八五。

16 同上，頁一八四至一八五。

17 這一節討論呂秀蓮的例子，根據筆者先前的研究：蕭阿勤《回歸現實：臺灣一九七〇年代的戰後世代與文化政治變遷》（第二版），第五章。

18 呂秀蓮，《新女性主義》（臺北：幼獅月刊社，一九七四），頁四、三六至四一、二〇六。

19 呂秀蓮，《尋找另一扇窗》再版序（臺北：洪健全教育文化基金會，書評書目出版社，一九七四），頁一至二。

20 呂秀蓮，《臺灣的過去與未來》（臺北：拓荒者，一九七九），頁六三。

21 同上，頁五二、五八至五九。

22 同上，頁五九、六一、一〇五至一〇八、一六一。

23 這裡討論政治理論與歷史敘事，根據筆者先前的研究：蕭阿勤，〈流亡與時間，敘事認同與知識建構：重探龍冠海與「中國現代化」的社會科學研究〉，見蕭阿勤、汪宏倫主編，《族群、民族與現代國家：經驗與理論的反思》（臺北：中央研究院社會學研究所，二〇一六），頁一一七至一七九。

24 Joshua Foa Dienstag, *Dancing in Chains: Narrative and Memory in Political Theory* (Stanford, CA: Stanford University Press, 1997) p. 3.

Elfriede Jelinek

CRITIC 當代文學評論 哈金／艾芙烈・葉利尼克

Ha Jin

CRITIC

哈金的眼神

鍾永豐

出生於美濃菸農家族，為詩人、作詞人、音樂製作人及文化工作者。曾任美濃愛鄉協進會總幹事、高雄縣水利局長、嘉義縣文化局長、臺北市客委會主委及臺北市文化局長，現為國立臺北藝術大學主祕。曾獲二〇〇〇年金曲獎最佳製作人獎，二〇〇五、〇七年金曲獎最佳作詞人獎。二〇一四年入圍金曲獎最佳作詞人獎，二〇一七年以《圍庄》專輯獲金音獎及金曲獎評審團獎。著有《菊花如何夜行軍》，獲臺灣文學金典獎、OpenBook 中文創作年度好書。

說出無法說出的事物

在哈金第二本短篇小說集《光天化日：鄉村的故事》（二〇〇一；英文原著書名：*Under the Red Flag*，一九九七）的序中，他自述兒時隨父親移駐於遼寧省一個小鎮，由於父親是較低級別的軍中幹部，全家只能住街上的小院子。在父親的移駐地，哈金渡過了十二年的孩童歲月。他與本地孩子瞎混，各家故事交流，因而熟悉鎮上的人事與生活。設若哈金一家住的是師部營舍，童黨盡皆高幹子弟，且與外界區隔，他的才能即便仍附身小說，寫出的景致恐也殊異。哈金的社會身分、居住地點與觀察方式對他的小說產生的影響，讓人聯想同為移駐子弟的導演侯孝賢。侯孝賢的父親是一九四九年後遷臺的中低階公務人員，由他的自傳性作品《童年往事》（一九八五）判斷，他們家分配到的宿舍，等級應該也不高。電影中，童年的侯孝賢化身為主角阿孝，跑進跑出；出則與街上的本地孩子玩耍吆喝，入則是素簡昏暗的木造空間，父親眉宇鬱結，母親忙不更迭。

儘管天天攪和，移駐幹部的子弟與本地孩子間對於生活其中的人文環境仍有認知上的差異。前者對於本地人的認識與情感缺乏或獨立於地方史與家族史的脈絡，二則相對於本鄉本土的後者，外來且屬於優勢階層的前者享有較高的社會地位與觀看位置。這兩者皆有助塑造侯孝賢式的電影「眼神」，成為臺灣新電影最重要的印記。移駐子弟跨出門檻是異鄉，街上有好玩的人與事，回到屋內是稀薄的親族，被他們不完全明瞭的力量左右著遷移與離合。他們幼時頻繁遷徙，在眷村與本土鄰里間流離，眼神與心靈免於承襲地緣的興衰、人際的恩怨與傳統的包袱，較能不帶情感、不帶歷史縱深、不帶價值判斷地平等凝視周遭的人事物。其作為敘事者或報導者，較易發展出疏離性的美學風格；這正是侯孝賢早年電影之魅力所在，亦可為探討哈金與大多數同樣涉及城鎮或鄉村題材的中國作家在小說藝術上的差異時，值得思考的切入點。

在這篇序文，哈金自承寫作上深受喬埃斯《都柏林人》（*Dubliner*）及安德森（Sherwood Anderson）《小城畸人》（*Winesburg, Ohio*）兩本短篇小說集的影響。哈金參考這兩位作者使各篇獨立又互為脈絡的寫法，試圖「構成一部地方誌式的道德史」。與這兩本歐美現代文學經典不同的是，這本涉及文革時期地方社會史的短篇小說集沒有大量採用意識流或獨白的敘事手法。哈金真正受到的影響，是那兩本集子中不塑造典型人物，且不設置道德或歷史中心的自然主義文學傾向。他選擇的敘事者通常是無關緊要的事件旁觀者，甚或是不自覺的集體加害者。以此小說方法論鋪展寫實式敘事，那些不幸事件因此免除了悲劇化的負擔，更呈現日常性的真實殘酷，使得政治、人際與人性之間的辯證益顯真切，小說的批判性也隨之犀利。

新民族誌般的小說

哈金之所以稱這本由十二個短篇構成的集子是一部道德史，應是因為其中半數涉及性與性關係。哈金使性成為鏡子，反照小鎮的封建式性道德觀如何在文革中諷刺地受到鞏固（如〈男子漢〉、〈復活〉），但更往深一層，他還讓我們見識：決定性關係分合的價值邏輯如何由中共建國後的紅、黑五類身分新制所主導（如〈選丈夫〉、〈春風又吹〉），性壓抑如何亂箭齊放般地折射出集體意淫（如〈光天化日〉）、顢頇的阿Q式民族主義（如〈主權〉）。哈金之受自然主義小說影響，具體表現在筆觸上是有如社會科學家般的田野筆記，行文間幾乎不帶價值暗示，但讀者通過事件過程中的對話、場景安排與關係變化，卻能品出其中的幽默、嘲諷、批判與歷史觀。

在〈葬禮風雲〉與〈新來的孩子〉，他客觀地敘述新政治的移風易俗之效：農民如何改掉土葬的信念，解放後的性工作者如何進入正常的婚姻關係。而在其他四篇〈最闊的人〉、〈皇帝〉、〈運〉、〈十年〉，作為較低級別移駐幹部第二代的哈金展示了他的視野雙向性；既能從街上童黨的眼睛看到政治風暴或社會轉型如何落降於他們的鄰里間，動搖各個階層，又可從父兄輩幹部的角度敘述體制的代理人如何被驅動，訴諸超法律手段，使得社會暴力從此循環再生。我們不僅得知受害者與施暴者的身分，更領略他們的語言、思維與人際關係的轉變。因而這本短篇小說集所構成的，遠遠超過一個地方或一個時代的道德史；我們認識的，是一段歷史過程的多個面向。說到底，哈金所謂的民族誌，應該是更接近「新民族誌」。相對於傳統的民族誌，新民族誌不以少數優勢者為歷史中心，更強調多元角色甚至是多物種的觀點，因而與自然主義小說之拒絕英雄敘事，性質上共通。

自然主義與現實主義的高度平衡

各篇相互提供地方誌式脈絡或社會背景的寫作方法，在哈金的第一本短篇小說集《好兵》（二〇〇三；英文原著書名：*Ocean of Words*，一九九六）就已操練得相當純熟，且更接近傳統的中國方志。除了中蘇對峙期間的邊防狀況，朝鮮族村落的風土人情，街上的標語，口耳相傳的諺語，以及邊防部隊與民兵的微妙關係，《好兵》提到了軍隊裡的各種學習資料：《毛澤東語錄》、《毛選》、《反對自由主義》、《實踐論》、《九大文件》與《三大紀律八項注意》，馬克思的《共產黨宣言》，恩格斯的《反杜林論》，列寧的《怎麼辦》，以及各種語錄歌。有志者按圖索驥、尋線閱覽，當可對中共的意識形態與精神面貌多些脈絡性的理解。

這本軍旅故事小說集的主軸之一是「小資情調」如何蝕穿前線士兵的軍人意志，直可讀成是一九八〇年代鄧麗君歌曲風靡大陸的「前情提要」。所謂小資情調，無非是人在禁錮狀態下一些些溫暖與溫柔之需要。一九七〇年代初的大陸尚屬封閉狀態，更何況是在中蘇對峙下的東北前線。因此，哈金敘述的小資情節全由內生，且難以預料會從哪條人性細脈鑽出，或是通過哪種原本無害的媒介，以何種方式啟動感官。哈金特別注意到歌謠，開卷的〈報告〉是關於一首行進歌曲如何唱垮軍心。明明是中央人民廣播電臺天天驗明正身的紅歌，但一開始的〈再見吧！媽媽〉副歌卻弄得新兵抽泣、老兵流淚，攪亂全隊步伐，讓大街上的群眾笑稱出殯。〈空戀〉更絕，僅憑發報機上與軍區女通信兵的訊號互傳，兩個士兵竟先後深陷遐思，自甘墮入歧途。

小說集有兩篇主題相當少見且有趣。〈季小姐〉記錄一首軍中打油詩的生成，若從民族音樂學的角度觀之，就是關於一首謠諺的集體創作過程。其中畫龍點睛的兩個韻腳：「弱」與「饃」、「鯨」與「性」，罕見於一般歌謠。〈蘇聯俘虜〉乃關於一位蘇聯逃兵的看守與逃脫後的追捕過程。哈金細緻描寫看守期間軍方的高規格對待、官兵與俘虜的互動，點出了中共對蘇聯既孺慕又戒慎的複雜心理。而追捕過程則被哈金寫成趣妙橫生又深刻的公路式小說：一群追捕的士兵在途中遭遇了東北田野的豐饒，並在屠宰場目睹勞碌一生的牛隻在死亡之前的眼淚。

自然主義小說強調多面、立場多元的細膩觀察，不追求主人翁的解決或救贖之道，但往往犧牲故事性情節。現實主義小說則著重於現實處境的描寫、人物命運的因果分析及對於社會之惡的批判，但容易導致視角單調、道德疲乏。從第一到第二本短篇小說集，哈金綜合兩者的特性，避免了各自的缺點，使得他能在故事的引人入勝與議題的啟人思辨之間取得高度平衡，歸結到閱讀樂趣，自然是相隨並至。

沒有道德制高點的敘事手法

到了第三本短篇小說集《新郎》（二〇〇二；英文原著書名：*Bridegroom : Stories*，二〇〇〇），哈金放飛各篇發生於改革開放初期的東北城市故事，不再使其互為脈絡。〈破壞分子〉敘述文革後所謂「東邊日出西邊雨」的現象；中共中央宣告終止文革，但地方上各種以無產階級專政為名，對知識分子的蔑視與迫害依舊橫行。哈金沒有讓橫遭羞辱的新婚教員反省上下不一的問題所在、反擊流氓般的基層警察以伸張正義，而是安排一種駭人的結尾，讓他喪失良知，瘋狂地傳染肝炎以洩恨。〈活著就好〉則藉地震與集權式賑災，娓娓地鋪寫超越人性的國家主義式家庭重組，以及一個蘿蔔一個坑的密實社會分工與福利制度。〈幼兒園裡〉幼童猶如奴工，被欠債的老師引導至田裡採集野菜；童年匍匐在改革開放後異變的大人世界之下，每一天充滿僥倖感與不祥的預示。〈武松難尋〉裡好大喜功的高官與一路逢迎做場面的下屬是官僚常態，他們的造假一旦失控爆開，經常被加油添醋地渲染。哈金卻是以參與造假過程的當事者為第一人稱，公務人員式地記載倒楣的東北虎以及被誘逼出英雄妄想症的帥氣青年，荒謬中更顯真實。

文革後中國社會變化快速，充斥著各種光怪陸離的現象，易誘使作者將之寫成奇觀式小說。哈金一邊保持社會誌般的觀照，一邊謹守紀實報導式的冷靜與慎微，在離奇與文學性之間維持平衡。以此平衡為基礎，哈金使〈破壞分子〉超越政治批判，成為一篇關於體制性暴力如何使人性變凶殘的寓言及預言，使氣味穿越〈活著就好〉中被寫得平淡無奇但又有如機械般無情的社會體制，召喚記憶與人性，讓沉悶的不幸故事變成一部悲喜交摻的幽默之作。甚至〈幼兒園裡〉被哈金寫出弦外之音，令人想起蘇聯小說家索忍尼辛關於集中營生活的作品《伊凡．傑尼索維奇的一天》。

〈破〉與上一本短篇集子中的〈光天化日〉同樣是關於婚外性行為的舉發與審判過程，但不再是文革期間的遊街示眾、全民公審。哈金以法院書記官式的筆觸，透過女性受害者的一位男同事的眼光，一本正經地敘述充滿厭女情結、意淫、有罪推論、性壓抑與幻想的粗糙查案與問訊過程，以及這位陷入婚外情的女性如何被逼死。〈光天化日〉與〈破〉中的不幸女性皆具有完整的人格與因應險境的膽識，且兩篇各有一位命運連帶的男性。在前者是自承性能力不佳但憫惜妻子的丈夫，後者則是害羞、有點正義感、渴望有個對象的男同事。〈破〉最出色的表現之一，是男同事的幽微、複雜：他本對受害者欠缺好感，卻在參與捉姦的過程中偷藏了她的內褲，但出於維護她的尊嚴，拒絕透露審訊的細節，最終又在面臨危機時懦弱地栽贓給她。

〈新郎〉是哈金第一篇關於同性戀的小說。自一九六〇年代的同志運動以降，不管是批判社會的誤解與歧視，或幫助大眾詮釋性地理解同性戀議題，優秀的著作與作品遍及美國學術、影視及藝文界。〈新郎〉裡對同性戀現象的理解早已是科普化的基本知識，卻毫不拖累或拉低文學性，巧妙在於角色安排。哈金的敘事者是一位世故的工廠科長，他有情有義，照顧已故同事的幼女。隨著長得不漂亮的姪女突然嫁予帥氣男同志，以及姪女婿的性冒險出事及被強迫治療，設法救援的世故老科長看到了女性對異性戀婚姻的幻滅、男同志的處境以及精神病醫師的實話。本於人性的理智、愛與關懷，老科長對於同性戀的認識由樣板鬆動為困惑、轉為同情，幾乎要穿越理解、抵達支持的境界了，但終究敵不過謠言與世俗的價值觀。

〈暴發戶的故事〉的背景是改革開放後原始資本大量積累、階級快速爬升的社會狀態，類似的故事從道聽塗說、媒體報導到藝文創作，不知凡幾，但哈金處理的手法大異其趣。其一，哈金沒有設置道德制高點，所以行文中避免了常見於現實主義文學的鄙夷語氣與批判性視角。其二，哈金以暴發戶為敘事者，講述他的致富過程、人際關係與自我認識的變化，讀者得能詮釋性地理解社會中的階級歧視與金錢崇拜如何形塑他的自卑人格與後來的報復行為。

〈舊情〉是〈暴發戶的故事〉的社會價值觀投影至中間階層；哈金把婚姻與情感關係的物質考量與利益部署寫透了。〈荒唐玩笑〉對應〈破壞分子〉，亦是射箭畫靶式地陷人於罪，唯遭殃的主角從知識分子換成不知世事變化的文盲農民。〈紐約來的女人〉與〈牛仔炸雞進城來〉以中美建交接觸後的體制差異為背景，敘述深受平均主義與反美宣傳影響的中國人看待美國法治與商業文化，如何交雜著不信任與崇羨。改革開放後共產主義庸俗化為平均主義，哈金在這兩篇裡動用各式各樣的謠言，描繪出平均主義下的社會意識。

〈一封公函〉的主軸是捱過反右鬥爭、下鄉勞改的知識分子在一九八〇年代末仍舊受到文革世代的批判與排擠。這篇與七〇年代末、八〇年代初中國大量出現的傷痕文學均處理相同的題材，但寫作方法上哈金非以受害者敘事，正好用以總結他與前輩作家的差異。

具有民主素養的現實主義文學

傷痕文學控訴或申訴文革的創痛，以短篇小說為主要型式，主題從個人的冤屈與憤恨、親情的悲劇、思想及人性的扭曲、制度的錯誤、階級鬥爭的危害及特權腐敗等等，觸及廣泛；寫作者則從民國時期即已成名的老一輩作家、一九四九年後冒出頭的中生代作家，到響應文革、上山下鄉的知青等，老中青三代皆有。對那段歷史與文學史不陌生的華文讀者讀了哈金有關文革的故事，心中或揚起幾個疑問：對於文革所造成的身心靈迫害與社會文化破壞，傷痕文學難道揭露得不夠深廣嗎？哈金的作品究竟有何不同？價值又何在？

首先是面對苦難的文學態度有所不同。在《新郎》序中，哈金說他剛去美國念書時，不理解為何這麼多作家與批評家有志一同，主張作品要予人樂趣。苦難就該嚴肅地講述，不是嗎？況且近、現代史上中國人受了那麼多罪，文學上有何樂趣可言？傷痕文學因而大多採取受害的當事人視角，宣洩心頭的積鬱與憤恨，使讀者浸在憐憫的苦痛中，同悲共恨。前面提到的自然主義小說應有助於為他撐開美學的距離，使他領略「悲劇和喜劇並不衝突」，從而發展有別於傷痕文學的悲劇書寫。

繼之以寫作方法的不同。哈金跳脫傷痕文學的受害者中心主義，以各種非受害者甚至加害者視角，進行觀察與敘事，冷靜地描述各種不同利害關係的當事人在文革中或之後的行為與遭遇。同樣是敘述文革創傷，哈金的觀照更廣，語調更平緩，沒有被揭惡的情緒與啟蒙的企圖綁住。

哈金賦予讀者更大的閱讀自由與視野，使之能更整體性地省思促發歷史性苦難的政治體制與社會文化，及其對人的價值觀及心理投下的深刻影響。如此，讀者更有可能進行批判與思辨。我們甚至可以說，哈金成就了一種具有民主素養的現實主義文學，為中國近現代苦難的書寫開創出更可與當代世界文學對話的道路。

關於奧地利諾貝爾文學獎作家葉利尼克的問答

蔡慶樺

一個有德意志靈魂的臺南人，政大政治學系博士。讀的是德國政治思想，但對德國文化、語言、政治、文學、社會議題都很著迷。曾派駐法蘭克福辦事處，現任職奧地利代表處。二〇一八與二〇一九年皆獲由香港外國記者會、香港記者協會及國際特赦組織香港分會聯合主辦之《人權新聞獎》文字及印刷組評論優異獎，二〇二〇年以《美茵河畔思索德國》獲臺北國際書展大獎非小說類首獎。

自從旅居奧地利後，開始研讀這個國家的歷史。我對皇朝時期的天寶舊事沒有太大興趣，比較專注於奧地利第二共和（即現在的奧地利）的歷史。因為第二共和自一九五五年成立以來，與德意志聯邦共和國一樣，必須面對這個國家如何處理其陰暗過往的責任，而奧地利又與德國不同，雖然於法西斯時期歸入了納粹德國，甚至希特勒也是奧地利人，但戰後政壇將奧地利定位為納粹德國獨裁下的「第一位受害者」，因而長期以來其實迴避了對戰爭、反猶、民族主義擴張等的問責，將「克服歷史」的工作留給當然責無旁貸的德國。

在理解奧地利如何自我定位、自我批判的知識追求過程中，我開始閱讀奧地利作家葉利尼克的作品以及諸多訪談，並從其觀點去思考奧地利的缺陷、傷口以及克服之道。之所以閱讀她，不只因為其文學高度（奧地利兩位獲諾貝爾文學獎肯定的作家之一），也因為她長年來以小說、劇作以及訪談毫無掩飾地直陳奧地利的歷史錯誤與社會結構缺陷，其作品可說是一面鏡子，清楚映照奧地利社會的傷痕，時常也因太過清楚，引發奧地利文學界及公眾激烈反彈。她之於奧地利如同蘇格拉底之於雅典，都是惹來不快的牛蝨叮咬著國家的集體意識。

問：葉利尼克與奧地利維持什麼樣的關係？

答：葉利尼克作為奧地利作家，在其作品中展現對其祖國的批判性關係。她時常處理性別角色、權力結構以及奧地利在歷史中的角色等議題。在作品《女鋼琴家》（*Die Klavierspielerin*）中，她探討父權社會中的女性地位，奧地利對葉利尼克來說就是這樣的社會。她也展示了奧地利在二次大戰期間的角色，與性壓迫之間的關聯，在其書中的音樂教師，就是一位性虐待者，葉利尼克將之連結於奧地利國家社會主義的形象。

在劇作《運動之事》（*Sportsachen*）中，葉利尼克探索奧地利身分認同的主題，她探問，奧地利是否真有自身的認同，或者僅僅是一種德國認同的「複本」（Kopie）。她也展示了奧地利的國族自我理解時常要藉由壓抑過往的錯誤才能形塑而成，例如參與大屠殺的歷史。

綜言之，葉利尼克的作品描述了她與祖國既批判但又複雜的關係。她將奧地利社會中的問題與矛盾揭露出來，並要求其讀者正視這些問題，且試著去解決。

人工智慧認識的葉利尼克

在寫這篇討論葉利尼克文章時為二〇二二年年底，ChatGpt 人工智慧軟體問世，全球震驚。我突然有了這樣的想法，如果在我討論作者之前，先訪問這個所謂人工智慧，以提供導論，他／她／它會提供什麼樣的答案？人工智慧的語言模型可以分析、思考文學這麼需要精細複雜語感的領域嗎？於是就有了這些問答內容。全文以德語進行，對人工智慧的回覆我沒有做任何增刪，僅是中譯，翻譯基本上也盡量參照原文語氣。

問：葉利尼克質疑奧地利黑暗的過去，因此被許多人批評為「弄髒自己的窩者」（Nestbeschmutzerin）。她如何回應這樣的批評？

答：在她的作品和公開聲明中，葉利尼克經常批判奧地利的過去，特別是在國家社會主義中的角色以及奧地利社會壓抑過去的方式。由於她對奧地利過往的批評立場，確實經常招致各方面的批評，尤其是有些人將她的言論視為誹謗。

葉利尼克以不同的方式回應了這些批評。某些時候，她為自己的觀點辯護，強調質疑奧地利的過去以瞭解現在和未來很重要。她還強調，重要的是勿壓抑過去，而要面對過去，以確保未來不再重蹈覆轍。

有時葉利尼克也指出，她僅表達個人信念，並不代表所有奧地利人的意見。她還強調傾聽不同意見和觀點很重要，以便更全面地瞭解過去和現在。

還應該指出的是，葉利尼克本人在奧地利被認為是一個有爭議的人物，許多人同意她的觀點，而另一些人則不同意。但總的來說，她在傾聽和尊重他人意見的同時，也努力用論據和證據來支持自己的觀點。

在問答過程中，人工智慧蒐集資料沒問題，可以理解我的提問，然後搜尋並組合出答案（且速度極快），甚至對可能無定論的問題，試著給出可能答案（速度稍有停頓，但仍算順暢），在讀這些答案時，可以讀到一些小錯誤，不過最大的問題是讀不到我所期待的對文學作品的深度分析，或者感受。我（暫時）安心，短期內，人類最一流的理解、分析與創作能力仍不是人工智慧可以取代的。

不過也許我們應該問的問題是，如果一個社會不再需要深度分析思考，而只需要資料搜尋、整理、歸納，不再需要探討（可能其實也不存在的）真相，而只需要各種資訊整理，即使這些資訊可能僅是部分正確，或者擬真，那麼人工智慧可不可以取代我們，又有什麼差異？

問：她怎麼批評奧地利對過去處理得不夠好？

答：葉利尼克作品中經常批評奧地利未充分接受它過去在國家社會主義和第二次世界大戰期間的事實。她認為，奧地利長期以來一直將自己描繪成納粹主義的「第一個受害者」，而不是面對自己支持德國納粹政權，以及奧地利納粹犯下罪行的責任。

在她的作品中，葉利尼克還談到了這樣的事實，許多奧地利國家社會主義者在戰後沒有為其罪行承擔起責任，並繼續在戰後社會發揮重要作用。她也批評，許多奧地利人仍未準備好完全接受該國的過去，並承認奧地利國家社會主義者犯下的罪行。

葉利尼克還強調，否認過去，導致在奧地利仍然存在許多種族主義和民族主義意識形態，她主張有必要指出這個問題並對抗，以創造一個更加公正和包容的社會。

總的來說，葉利尼克批評奧地利未充分接受它的過去，這仍然影響著社會。有必要接受過往，以創造一個包容和公正的社會。

在與人工智慧進行完這篇問答，整理完文字後，我偶然讀到美國科幻小說家姜峯楠（Ted Chiang）在《紐約客》雜誌發表的一篇廣受討論的精采文章〈ChatGpt 是網路上的模糊壓縮影像檔〉（Chatgpt is a blurry jpeg of the web），將人工智慧運算過程比喻為壓縮影像的算法，每次壓縮呈現出來的 jpg，也許初看之下難辨真實度，但是分解其算法可知，每次壓縮都保留大部分原檔案資訊，但也流失一些，使得壓縮後的結果可被接受但卻又模糊化一些（即使我們可能無法察覺）。這也是我在接觸人工智慧過程的感覺，它（他？她？或者祂？）保留了對葉利尼克的理解，說的幾乎都對，但少了一種更深層的東西。那是如果你一頁一頁翻閱作品，就能讀到的細節。我最強烈的感覺是，如同在網路上看人剪輯過的講解電影影片，你知道了情節，但是那些必須一個個鏡頭感受的光影，一幕扣連一幕緩緩推出的故事起伏，就在快速給出答案中失去了。

姜峯楠說 ChatGpt 給我們的只是近似值，通常會被接受。如同看 jpeg 圖檔，模糊像素不會使圖片那麼清晰，但是我們看起來並無大礙。我認為閱讀文學作品沒有辦法大致就好，每一位寫作者、文字編輯都清楚，每一次文字的增刪與更動，即使只是一點點，都已經是不同的文本。學術研究者

問：奧地利是一個天主教文化強大的國家，葉利尼克對社會的批判是否也牽涉她對基督宗教的批判？

答：是的，葉利尼克對社會的批評也適用於基督教。她認為在奧地利，基督教經常被權力結構用作工具，以支持壓迫婦女和其他邊緣化群體。她還批評基督教經常被當成壓迫性行為的手段。葉利尼克強調，基督教的父權制結構與對婦女和其他邊緣化群體的壓迫密切相關，要創造一個真正平等的社會，必須徹底改變這些結構。

也因此喜歡從事版本研究，試圖在不同修訂版本中尋得作者何以如此更動的意圖。我們不滿足於近似就好。也許從人工智慧尋找對文學作品的理解，是學生在交作業時快速尋得資源的途徑（不管我們稱之為對話者、家教或者助手），但是作品的魅力，仍需要讀者敢於冒險，以人工方式（而非人工智慧的方式）去碰觸那最本真的內在。

拋棄音樂轉向文學

回到葉利尼克，以及她與奧地利的關係。人工智慧告訴我們，葉利尼克出生在奧地利米爾茨楚施拉格（Mürzzuschlag，位於史泰爾馬克邦）一個猶太家庭，並在那裡成長，這是錯的，但也許不能怪 ChatGpt，因為網路上可以搜尋到的資訊多半如此。葉利尼克的父親確實是猶太人，但她曾在一

問：葉利尼克於二〇〇四年獲得諾貝爾文學獎。奧地利公眾如何看待一個「弄髒自己的窩者」被授予諾貝爾獎？

答：奧地利對葉利尼克獲得諾貝爾獎的反應不一。有些人慶祝她獲獎，以表彰她對文學的重大貢獻以及在作品處理複雜政治問題的能力。其他人則駁斥她對奧地利的批評及其政治信念，繼續將她貼上「弄髒自己的窩者」的標籤。

然而，葉利尼克的諾貝爾獎促使她的批評和觀點在奧地利得到進一步討論和辯論。許多人將這個獎視為對奧地利社會處理其政治信念，以及批判國家的過去和現在，提出一個邀請。

總的來說，葉利尼克獲獎，提供了再一次機會，在奧地利就她的政治信念和她與祖國的關係進行公開辯論。

個訪談中回答，自己出生於維也納，只是很小的時候母親便帶孩子搬到鄉下，因為更容易兼顧工作、家庭及育兒。

母親認定葉利尼克是神童，四歲時將她送到天主教全日學校。相較於其他免費的公立學校，這是少數家庭才負擔得起的私立學校，可見葉利尼克自小在菁英教育環境長大。她從小學習舞蹈與五種樂器，也跟隨奧地利知名作曲家塞茨（Rüdiger Seitz）學習作曲，後來的訪談她常說起母親給的巨大壓力，她因為母親患上焦慮症，早年出道文壇時，她便形容自己的性格是「不信任他人、不接觸他人」（mißtrauisch. kontaktarm）。

但可說，因為這樣的母親才造就了這樣的作家與奇特的書寫。母親不喜歡她投入文學，她如報復般放棄音樂決心成為全職寫作者。可是，正因這樣的成長背景，音樂在其書寫占有無比重要地位，甚至被《德國之聲》選為百大德語必讀作品名單的半自傳小說，就叫作《女鋼琴家》（*Die Klavierspielerin*，英文與中文世界翻譯為《鋼琴教師》）。而書中控制女兒至病態程度的母親，很難不令人聯想葉利尼克的童年。葉利尼克也說後來母親讀到這本小說時無比震驚。

問：奧地利是一個天主教文化強大的國家，葉利尼克對社會的批判是否也牽涉她對基督宗教的批判？

答：是的，葉利尼克對社會的批評也適用於基督教。她認為在奧地利，基督教經常被權力結構用作工具，以支持壓迫婦女和其他邊緣化群體。她還批評基督教經常被當成壓迫性行為的手段。葉利尼克強調，基督教的父權制結構與對婦女和其他邊緣化群體的壓迫密切相關，要創造一個真正平等的社會，必須徹底改變這些結構。

文學如同燒夷彈

她在小學與中學階段不只學習音樂，也認識許多來自富裕家庭的同學。這些家庭的背景通常較偏保守主義，亦即信仰天主教，政治態度為右翼，甚至有幾位同學的家長是知名的奧地利法西斯主義代表。再加上母親對她的嚴格要求，使她極度痛恨學校，曾說「走入學校，如同走入死亡」。這種教育環境也影響其政治理念，葉利尼克發現奧地利社會的階級制根深蒂固，自此從左翼關懷的角度，發動其一生不輟對祖國的批判，也因文化界主流聲音幾乎都反對她，不只如人工智慧的回答所稱，被視為「弄髒自己的窩者」，也被媒體稱為「國家公敵」（Staatsfeindin）。德國文學批評家萊西—拉尼茲基（Marcel Reich-Ranicki）在其文學節目如此評論：「她以憤怒及憎恨辱罵著。」也因為其刻意以粗鄙語彙、淫穢情節挑戰主流權力結構（她說，她要創作「女性的色情語言」，Weibliche

問：葉利尼克於二〇〇四年獲得諾貝爾文學獎。奧地利公眾如何看待一個「弄髒自己的窩者」被授予諾貝爾獎？

答：奧地利對葉利尼克獲得諾貝爾獎的反應不一。有些人慶祝她獲獎，以表彰她對文學的重大貢獻以及在作品處理複雜政治問題的能力。其他人則駁斥她對奧地利的批評及其政治信念，繼續將她貼上「弄髒自己的窩者」的標籤。

然而，葉利尼克的諾貝爾獎促使她的批評和觀點在奧地利得到進一步討論和辯論。許多人將這個獎視為對奧地利社會處理其政治信念，以及批判國家的過去和現在，提出一個邀請。

總的來說，葉利尼克獲獎，提供了再一次機會，在奧地利就她的政治信念和她與祖國的關係進行公開辯論。

Sprache der Pornographie），例如一九八九年的小說《情慾》（*Lust*）令人不安地露骨鋪陳性和暴力之間的緊密關係，恨她的評論者斥罵她為「被共產主義影響的色情書寫者」。

尤其是一九八五年《布格劇場》（*Burgtheater*）劇作上映後，更在奧地利文化界投下震撼彈，她明確地被視為對其祖國保持極度批判態度的作者。當年這齣戲在西德波昂演出後，德國《時代週報》（*Die Zeit*）這麼評論：「這部劇深深傷害所有乖順安分之人的情感。這是一部明確反奧地利的強力之作，由一位明確的奧地利作家所寫成。」

確實，葉利尼克對中產階級道德、主流社會、「所有乖順安分之人」射出其文學之箭。在《推移邊界：六〇年代德語文學的新趨勢》（*Grenzverschiebung. Neue Tendenzen in der deutschen Literatur*

問：葉利尼克與奧地利的複雜關係，與她的家庭背景有關嗎？

答：確實可以看出葉利尼克的家庭背景對她與奧地利的複雜關係有一定影響。她出生在奧地利米爾茨楚施拉格（Mürzzuschlag）一個猶太家庭，並在那裡成長，她的父親是醫師，母親是家庭主婦。雙親都抑制其猶太身分，她後來才注意到自己是猶太人。這種因雙親而壓抑認同的一部分經驗，可以在其作品中讀到。她批判奧地利藉由否認歷史錯誤以塑造國族自我理解，正與此相關。

而奧地利在二次大戰以及納粹時期的經驗，也影響她對奧地利的看法。葉利尼克時常書寫關於奧地利在國家社會主義時期的歷史，談論這段歷史如何在奧地利社會被壓抑。

然而必須注意的是，個人與國家的關係極為複雜，不可能總是為個人的態度找到單一解釋。也有其他因素影響葉利尼克對奧地利的關係，例如她身為作家的經驗，以及其政治信念。

der 60er Jahre）這本文集中，葉利尼克便如此闡述：「我的文學必須如同一場爆炸一樣火熱，如同迷幻蘑菇那樣，必須如同燒夷彈」。為什麼要如此激烈？她說，只有把語言、概念的力道推到這麼極致，才能最大程度最有效率地影響政治。不過她也對自己是否能透過文學改變什麼感到悲觀，一九九一年，網路時代仍未來臨，文學仍有絕對重要的地位時，她在《新德語文學》（*Neue Deutsche Literatur*）期刊訪談中已承認，自己很早就放棄透過文學來改變大眾的想法，「我很清楚，我所創作的商品，只能觸及極小的群體。」

換句話說，她的文學力量不在於觸及最多的讀者，而在於面向那少數讀者，丟出極高強度的燒夷彈。

> **問：看來葉利尼克的關懷與左派有相通處。她與奧地利左翼的關係如何？**
>
> **答：**葉利尼克與奧地利左派有著複雜關係。她在許多作品中處理社會不滿和政治不公，並努力將這些問題納入公眾討論。她的作品經常以批判的眼光審視奧地利和歐洲的政治和社會狀況，並幫助提高公眾對這些問題的認識。
>
> 然而，葉利尼克也批評奧地利的一些左翼分子沒有解決他們與共產主義過去的連繫，他們有時將自己局限於自身政治理想而不是關注實際的社會和政治問題。
>
> 她還批評奧地利的左派經常有不同的觀點和不同的利益，而且他們常常發現自己無法實現社會的真正變革。
>
> 總之，葉利尼克與奧地利左翼的關係有其重要性，她支持左派。呼籲社會正義和政治變革，但也與左翼人士鬥爭，要求他們與過去達成和解並關注社會的實際問題。

愛恨交織奧地利

但她雖爆裂奧地利文壇，讀者不應把葉利尼克視為全然厭惡奧地利者——如與人工智慧的問答說到，她對奧地利其實愛恨交織——她所成長受教育的史泰爾馬克邦，雖然在其《亡者的孩子》（*Die Kinder der Toten*）中是極右翼舞臺，是拒絕轉型正義與拒絕記憶及悼念大屠殺的殘忍之地，但她也曾說，「我恨的最少的，就是史泰爾馬克邦。」此外，她也說過這樣一句話，顯出自身作為文學創作者與祖國之複雜關係：「這是個小國家，但這是我的國家。」

正因為她仍重視「我的國家」，有些話不得不說，確切說來，她發難的對象並非國家本身，而是國家的許多作為（或者說，不作為），例如女權及對各種少數族群的保障不足、與納粹德國的合謀，

問：葉利尼克曾說，在學校讀書時，有一些來自著名的奧地利法西斯主義者家庭的同學。這個經驗是否在早期影響了其政治態度？

答：葉利尼克早年與來自奧地利法西斯主義家庭的人打交道的經歷，可能影響了她後來的政治信念。在採訪和公開聲明中，葉利尼克經常談到年輕時，對與國家社會主義和奧地利法西斯主義有關的奧地利歷史遭到壓抑的印象深刻。她還談到並不認同學校在課堂上處裡這些過往的方式。

需要指出的是，葉利尼克來自一個猶太家庭，她的家庭曾直接受納粹迫害。這些經歷也可能塑造她的政治信念。

不過，需要強調的是，葉利尼克本人並未證實她早年的經歷與她的政治立場直接相關。她的政治信仰可能是多種因素共同作用的結果，包括早年經歷、猶太身分，以及她後來與奧地利歷史的對抗。

例如戰後對威權時代歷史的反省不足，例如奧地利處理難民議題的方式、疫情時代的防疫作為等，幾乎無役不與。亦有輕視她的評論者認為其作品並不真的那麼好，之所以受到重視，是因為葉利尼克不斷針對奧地利發難，當然這樣輕忽的評論在她獲得諾貝爾獎後已少出現，但已可見她對奧地利的態度，有時甚至搶走其文學受到的關注。

二〇〇四年葉利尼克獲諾貝爾獎，對奧地利來說當然是大事一件。沒有國家會拒絕慶祝自己的作者獲得桂冠，即使是原來對葉利尼克愛恨交織的奧地利文學界亦然。葉利尼克收下了獎項，但未赴瑞典領獎。奧地利政府想宣傳葉利尼克代表奧地利的文學成就獲得世界文壇肯定，但她輕蔑表示，「我不會把諾貝爾獎看成別在鈕扣孔上的宣傳奧地利的花朵……。我與這個政府全然保持距離。」得

問：請再多談談她的教育在其政治立場以及她對奧地利的愛恨關係中，扮演什麼角色？

答：葉利尼克在她的文學作品和公開聲明反覆強調，她的教育在她的政治態度以及與奧地利的關係都是重要角色。她是學習音樂出身，經常談到教育如何讓她質疑社會中的權力結構和壓迫。葉利尼克還強調，教育使她探索了音樂、文學和政治權力之間的連結。她經常談到如何將音樂和文學用為壓抑和否認過去的手段。

關於她與奧地利的關係，葉利尼克經常表示她與祖國保持著批判性的距離，認為奧地利並未充分接受它的過去，並且仍然難以處理它在納粹主義中的角色。葉利尼克還強調，認為奧地利仍然受到沉默和壓抑文化的影響，認為這是有問題的。

葉利尼克還表示，儘管她批評奧地利，但覺得自己與祖國仍有連繫，她努力解決她在作品中看到的問題，將與奧地利的關係描述為「愛恨交加」（Haßliebe），而她的工作則是讓奧地利變得更美好的嘗試。

獎後，她從公眾生活消失，拒絕露面，也幾乎不接受訪談，後來離開奧地利，隱居在慕尼黑，多年來她從遠方觀察、書寫這個祖國。

說出無法說出的事物

即使葉利尼克遠走他方，奧地利文化界仍持續關注她的創作。二〇二二年，奧地利的電影院上映了紀錄片《艾芙烈・葉利尼克：讓語言擺脫束縛》（*Elfriede Jelinek - die Sprache von der Leine lassen*），德國導演克勞蒂亞・穆勒（Claudia Müller）探討葉利尼克多年作品，整理大量創作、生平、訪談文字，完成一件非常困難而細心的工作。我認為片名取得很貼切，以「讓語言擺脫束縛」總結葉利尼克的文學事業。讀其作品對我來說是痛苦的經驗，因她使用的語言極為艱深複雜，絕非日常生活的語言模式，即使對德語母語者而言也有很高的門檻，媒體書評常出現描述其作品的詞彙除了噁心（ekelhaft）、令

問：是否可以說，葉利尼克的文學作品改變了公眾意識？

答：葉利尼克憑藉她的文學作品，確實為提高奧地利公眾對該國陰暗歷史和奧地利在國家社會主義時期扮演角色的認識做出貢獻。在作品中她多次提到國家社會主義的罪行和奧地利的涉入，並指出必須記住和處理。

葉利尼克還幫助提高公眾對奧地利持續存在的種族主義、反猶太主義和仇外心理問題的認識。她一直在作品中指出這些問題，並指出需要解決和打擊這些問題。

她憑藉對奧地利社會和政治菁英尖銳且毫不掩飾的批評，葉利尼克幫助提高公眾對社會不正義和政治錯誤的認識。她還協助和鼓勵奧地利社會就這些問題展開辯論。

人不快（abstoßend），還有「吃力」（anstrengend）。她也多次表達，其多層次交錯的書寫方式與語言使用從未定型，始終「在路上」（Unterwegssein），因此難以被譯為其他外語，但這種「不可翻譯性」卻是構成其作品力量的重要一環。舉例來說，在《亡者的孩子》，葉利尼克甚至刻意留下一段未翻譯為德文的希伯來聖經經文，令讀者只能約略猜測文義，在曖昧難明（甚至魅影重重）中感受猶太人的命運、大屠殺、困境。但正是這種原初意義抗拒被定義、被編碼，才保留了豐富性。

這種敘述的困境以及曖昧難明，也許是理解的必要前提。奧地利哲學家維根斯坦曾如此描述語言：「對於你無法說出的事物，就應該保持沉默。」葉利尼克可說是以一種逆轉的方式看待她的文學語彙，你如果不願保持沉默，就應該鑄造新的語言，讓語言擺脫束縛，試著去說出那無法說出的事物，藉此，現存的世界或許會開始走向不一樣的方向。

問：但她在接受採訪時也表示，非常懷疑文學能達到什麼目的。我在這裡引用她的話：「你不能用文學改變任何東西。」你怎麼解釋這種立場？

答：在一些採訪中，葉利尼克確實對文學帶來社會變革的能力表示懷疑。然而她也強調，文學在揭露社會弊病和政治不正義方面仍然發揮著重要作用。

葉利尼克可能是在指出，單靠文學不足以帶來社會變革，還需要政治行動和社會壓力才能帶來真正的改變。

葉利尼克也可能對文學自然會產生政治影響的觀點持批判態度，並認為重要的是在其文化脈絡下看待文學，而不是將其視為政治變革的工具。

葉利尼克可能也是在說，文學的目標不一定在帶來社會變革，而是在展示真相並描繪社會問題。

致謝

本期李登輝一〇〇年專輯部分，承蒙江春男、陳翠蓮老師的指教與討論，以及目前駐韓國記者楊虔豪協助，才得以順利聯繫韓國記者前輩沈在薰。烏克蘭與香港特別企畫，當中關於烏克蘭文學評論，承蒙徐裕軒的建議與討論。香港部分，感謝張潔平的建議與討論。本期三篇外語文稿，感謝譯者陳太乙與胡宗香大力協助。更要感謝藝術家劉宗榮，花了許多時間繪製兩幅李登輝畫像。

李登輝大事記的圖片，在此感謝國史館陳世宏的協助、豐年社陳慧萍的經驗分享，也謝謝李登輝基金會的慷慨授權。同時亦要感謝攝影家劉振祥提供兩張重要照片。烏克蘭的照片，感謝楊子磊與報導者的同意授權。

最後，關於臺靜農老師的書法，則要感謝臺靜農老師的孫子臺大釗同意授權，也感謝居中幫忙的李隆獻老師、盧廷清老師以及臺大中文系助教林倉盟。

春山文藝
第三期

Literati
春山文藝
027

李登輝100年專輯

總編輯 莊瑞琳
行銷企畫 甘彩蓉
業務 尹子麟
視覺統籌 王小美
封面與內頁繪圖 劉宗榮
法律顧問 鵬耀法律事務所戴智權律師

出版 春山出版有限公司
116 臺北市文山區羅斯福路六段 297 號 10 樓
TEL 02-2931-8171　FAX 02-8663-8233

總經銷 時報文化出版企業股份有限公司
桃園市龜山區萬壽路二段 351 號
TEL 02-23066842

製版 瑞豐電腦製版印刷股份有限公司
印刷 搖籃本文化事業有限公司
初版 2023 年 4 月
定價 420 元

有著作權 侵害必究
（缺頁或破損的書，請寄回更換）

填寫本書線上回函

國家圖書館出版品預行編目 (CIP) 資料

春山文藝 李登輝100年專輯
春山出版編輯部 策劃
初版　臺北市　春山出版
2023.04　面　公分　（春山文藝；27）
ISBN 978-626-7236-21-5（平裝）
1.CST: 李登輝 2.CST: 臺灣政治 3.CST: 傳記 4.CST: 文集
783.3886　112003302